VADEMECUM ZU EINEM FRÜHEN KLASSIKER
DER ÖKONOMISCHEN WISSENSCHAFT

DIE HANDELSBLATT-BIBLIOTHEK
»KLASSIKER DER NATIONALÖKONOMIE«

Die Herausgeber

Geschäftsführender Editor:
Horst Claus Recktenwald

Wolfram Engels

Herbert Hax

Friedrich August von Hayek

Die Edition der Faksimile-Bibliothek ist ein säkularer Versuch, klassische Werke der Ökonomischen Wissenschaft unverändert, in ihrer ursprünglichen Gestalt und zunächst in bibliophilem Gewande, leichter zugänglich zu machen. Diese Werke sind selten. Sie gehören zu den literarischen Kostbarkeiten unserer Kultur. Ihr geistiger Rang erfordert, daß sie von herausragenden Ökonomen präsentiert werden, die das Anliegen gründlich kennen und es in ein geschichtliches Kontinuum einzuordnen vermögen.

Im Mittelpunkt steht die kritische Analyse des Werkes. Sie stellt auf das Klassische der Einsichten und Methoden ab, wobei sie das Erstmalige und Bewährte ebenso erklärt, wie sie das Unvollkommene und Irrige offenlegt – damals wie heute. Dabei erleben wir, daß klassische Werke ihrer Natur nach nie alt werden.

Praefatio und Opus sind jeweils eine spezifische Einheit. Doch vermitteln sie erst in ihrer bibliothekhaften Gesamtheit etwas von jener Faszination, ja gelegentlichen Dramatik, die aus der Spannung von Idee und Wirklichkeit zwischen gestern und heute und aus der fruchtbaren Vielfalt des ökonomischen Denkens erwächst. Diese Vielfalt und Offenheit kennzeichnen geradezu die weltweite Gemeinschaft der Forschenden.

Horst Claus Recktenwald

VADEMECUM ZU EINEM ANREGENDEN KLASSIKER
DER ÖKONOMISCHEN WISSENSCHAFT

PAUL A. SAMUELSON

Wicksells Werk und Persönlichkeit – Eine kritische Analyse in moderner Sicht

RICHARD A. MUSGRAVE

Wicksell und die Geburt der modernen Finanztheorie

BO SANDELIN

Über Wicksells Vita und Person

VERLAG WIRTSCHAFT UND FINANZEN GMBH
EIN UNTERNEHMEN
DER VERLAGSGRUPPE HANDELSBLATT
DÜSSELDORF

Die vorliegende Schrift erscheint als Kommentar zur Faksimile-Ausgabe der 1896 in Jena erschienenen Erstausgabe von

KNUT WICKSELL
FINANZTHEORETISCHE UNTERSUCHUNGEN
NEBST DARSTELLUNG UND KRITIK
DES STEUERWESENS SCHWEDENS

Bildnachweis: Die hier verwendeten Bildunterlagen stellte das Adam-Smith-Archiv von Horst Claus Recktenwald, Nürnberg, zur Verfügung

Satz und Druck: Buch- und Offsetdruckerei Wagner GmbH, Nördlingen.
Bindearbeiten: Realwerk Lachenmaier, Reutlingen.
Gestaltung und Herstellung:
Dieter Kohler & Bernd Leberfinger, Nördlingen

ISBN: 3-87881-032-6

Geleitwort des Editors
Eine kritische Synopsis

HORST CLAUS RECKTENWALD

Der Mensch Knut Wicksell – seine gespaltene Grundhaltung

Wicksells Persönlichkeit trägt ein wenig schizoide Züge; sie ist vom Gegensätzlichen geprägt: So ist er ebenso selbstlos wie zügellos, und er erkennt nicht, daß, »was (auch *ethisch*, HCR) zuviel ist, nicht gut sein kann« (Aristoteles), oder ökonomisch ausgedrückt: Auch Moral entwertet sich im Übermaß. Widersprüchlich sind auch bis heute die Urteile über ihn, weniger über sein analytisches Werk. Sein ethischer Rigorismus ähnelt stark John Stuart Mills rigoroser Ethik (Recktenwald 1988, 5). Versöhnlich, ja human stimmt, daß beide keine moralischen Grundsätze von anderen forderten, die sie nicht selbst zu befolgen strebten. So weigerte sich dieser liberale Geist, sein Bewerbungsschreiben um eine Professur an den schwedischen König mit dem damals üblichen – heute anachronistisch klingenden – Abschluß »Ihr gehorsamer Diener« zu unterschreiben. Dafür zahlte er den hohen Preis der Ablehnung – noch dazu unter für ihn persönlich schwierigen Umständen.

Johan Gustav Knut Wicksell war Freidenker, allerdings nicht im Sinne David Humes. Im Laufe seines Lebens wandelte er sich vom bibelgläubigen Paulus zum bibelfeindlichen Saulus. Er war, wie Mill, Verfechter eines radikalen Feminismus, wie ihn die moderne Frauenbewegung im Extrem fordert, doch fehlte ihm *hier* Mills romantischer Zug. In der Tat finden diese Vertreterinnen des »fair sex« (Adam Smith) in Wicksell einen überzeugten Mitstreiter der ersten Stunde.

Anarchistisch in der Grundhaltung, ein wenig ähnlich den politisch Grünen in unserer Zeit, haßte er grundsätzlich soziale Konventionen jeder Art. Und er trat *vehement*, auch darin ganz modern, für eine strenge Kontrolle der Geburten und für eine Familienplanung ein; ganz im Gegensatz zu Mill, der sich auf Malthus' »moral restraints« beschränkte, obwohl er dessen Bevölkerungstheorie überzeugt vertrat.

Opponieren, ja rebellieren, ist ein Grundzug im Wesen dieses familiär so friedfertigen Menschen, der zudem äußerst unpraktisch in Alltagsdingen war. Seine Frau nennt ihn einen liebenswerten Ehemann, gutmütig, bescheiden und stets hilfsbereit. Seine Geburtsstadt Stockholm liebt er fast romantisch – »it is music for me to walk along the streets of Stockholm.«

Auch blieb er stets loyal gegenüber seinem Antipoden Gustav Cassel, der, nationalistisch und egozentrisch, die wissenschaftlichen Leistungen anderer mitunter gerne übersah. Adolph Wagner, dessen Vorlesungen Wicksell in Berlin besuchte, nannte er einen »Bewunderer alles Preußischen«. Er schätzte ihn, obwohl er dessen mangelndes Verständnis für Theorie – als Exponent der Historischen Schule – zurecht bemängelte.

Wicksell ist kein Dogmatiker der ökonomischen *Theorie* – sein Einfluß auf Schüler und Freunde war beachtlich, trotz seiner persönlichen Eigenheiten und extremen Haltung im Religiösen und Ethischen. Seine schwedischen Kollegen verteidigten die akademische Freiheit (die natürlich auch, wie alle Ethik, ihre Grenzen hat) für diese so eigenwillige und unkonventionelle Persönlichkeit. Wicksell begründete zwar die Stockholm-Schule, doch fand sein schöpferischer Beitrag erst nach der Übersetzung seines Werkes ins Englische weltweit Anerkennung – selbst in Skandinavien. Im übrigen sind Wicksell wie Mill abstrakte Denker, beide auch an der *Geschichte* der ökonomischen Analyse interessiert, doch mißtraut der Schwede *wissenschaftlicher* Folgerung weit weniger als der englische »Saint of Rationalism« (Gladstone) – siehe mein Epigramm.

Wie im Theoretischen so hat Wicksell auch im Politischen vieles vorausgesehen. So schlägt er Reformen der schwedischen Gesellschaft vor, die den *Wohlfahrtsstaat* Schwedens ankündigen, der ja Einkommen und Vermögen radikal nivelliert, indem er den Wohlstand via Steuer und Transfer *um*verteilt, ohne Rücksicht auf eine gerechte Verteilung der Last, also auf Aristoteles' *iustitia commutativa*. Doch sind seine Ideen in Ansatz und Methode sehr zurückhaltend, verglichen mit der tatsächlichen Entwicklung.

Kritisches zum Werk

Ein fundamentaler Widerspruch in Wicksells Denken ist einerseits seine große Skepsis dem Zwangskollektiv gegenüber und sein Eintreten für die freie Entscheidung des einzelnen, andererseits seine Forderung nach Umverteilung der Einkommen und Vermögen durch den Staat, dem er damit eine *Kompetenz* für Wirtschaftlichkeit und Gerechtigkeit zutraut, die er in seiner individualistischen Theorie ablehnt. Unbekannt blieb ihm offensichtlich Adam Smiths *freiheitliche* Ordnungsidee, sein »Simple System of Natural Liberty«, in welchem er, aristotelisch, Markt, Staat und Ethik wirklichkeitsnah integriert hat. Vor diesem Hintergrund hätte Wicksell das Utopische, Widersprüchliche und Anarchische seines Welt- und Wissenschaftsbildes leichter erkennen können: Das *natürliche Selbstinteresse* des *homo socialis* – zwischen Gefühl und *ratio* angesiedelt und ethisch zweifach gerechtfertigt – steuert sein Denken und Verhalten in Wirtschaft, Politik und Kultur, und es wird nur dann die Wohlfahrt aller ohne Absicht am besten fördern können, wenn es ethisch geläutert und kompetitiv gezügelt wird. Alle übrigen Ordnungen erfordern den *anderen* Menschen. Das aber ist reine Utopie, es sei denn, man läßt die Manipulation des Gens zu – allerdings zum Guten wie zum Schlechten. Aber wer bestimmt dann die ethische Norm? Und wer sollte dann das »richtige« Verhaltensmuster für das Gen festlegen? Wie arm würde die Menschheit, würde man sie ihrer Vielfalt und ihrer Widersprüche berauben!

Ich habe Smiths mehr visionäres Leitmuster und dessen Regelmechanismus zu rekonstruieren versucht (Graphik 1).

»THE OBVIOUS AND SIMPLE SYSTEM OF NATURAL LIBERTY«
Markt – Staat – Ethik

Ordnung der natürlichen Freiheit
Topik und Moral (M), Selbstinteresse (SI), Gemeinwohl (GW)

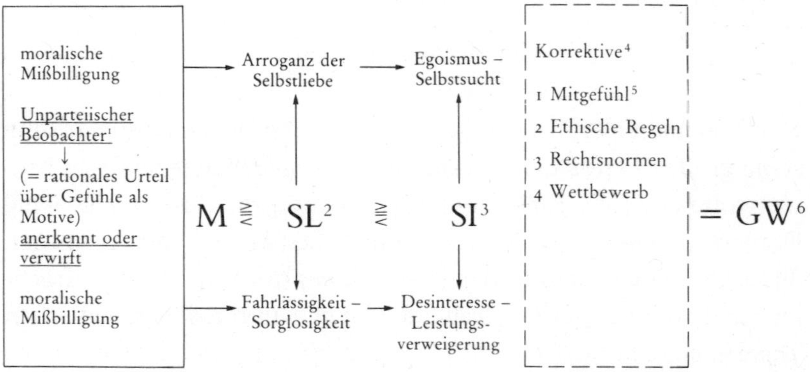

1 »Beobachter« ist ein Prinzip rationalen Urteilens, das moralische Maßstäbe *(M)* setzt; das Beobachter-Prinzip ist weder Kants »transzendentales Gewissen« noch aristotelisch zu verstehen. > und < drücken abweichendes Verhalten von der Harmonie (=) oder Ausgleich zwischen *SI* (Selbstinteresse) und *GW* (Gemeinwohl, bonum commune) aus.
2 Eigenliebe (= Motiv für individuelles Handeln) ist ein natürliches Gefühl, »which comes to us from womb and never leaves us still we go into the grave«.
3 Selbstinteresse in allen möglichen Äußerungen (z. B. Erwerbsstreben) als Tugend und Laster; als Streben nach Verbesserung unserer Lage ist ein relatives Ziel – relativ zu Zeit, Raum und Information. Die Wohlfahrtsfunktion des Menschen ist: $W_m = W_m (N, C, S, L)$. N = Lebensnotwendigkeiten, C = Annehmlichkeiten, S = Status oder Rang, L = Freizeit.
4 Das Viereck der Korrektive ist gestrichelt gezeichnet, um die *regulierende* Funktion auszudrücken.
5 Nicht zu verwechseln mit Wohltat oder Altruismus (beneficience im Unterschied zu benevolence); ohne Mitgefühl ist Vernunft inhuman und machtlos, ohne vernünftiges Urteil bleibt das Mitgefühl taub. Weder auf ihm noch auf Wohltat läßt sich eine Ordnung dauerhaft aufrechterhalten. Für Gott, nicht für den Menschen, mag Wohltat das einzige Prinzip sein.
6 Gemeinwohl oder bonum commune oder öffentliches Interesse.
Quelle: Recktenwald 1986, 44.

Das auf Eigenliebe gegründete Selbstinteresse, und nicht etwa der Egoismus, steuert den Mechanismus der *Ordnung* und der *Entwicklung*, wie in der belebten und unbelebten Natur, etwa im Gen oder Atom. Es wird ethisch geläutert und durch dynamischen Wettbewerb und gesetzliche Regeln ständig kontrolliert und tariert. Je ausgeprägter die moralische Selbstdisziplin des einzelnen und der Gruppe ist und je intensiver die Konkurrenz wird, um so weniger bleibt für den Zwang des Staates.

Anhand dieses realistischen Systems kann man vier naturwidrige oder utopische Ordnungen für die *societas terrena* leicht erkennen:

(a) Der *ethische Rigorismus* verlangt ein altruistisches Verhalten, das weit über das *natürliche* Mitgefühl des Menschen hinausgeht. Der aggressive und sektiererische Altruismus gipfelt im Prinzip in der völligen Selbstleugnung.

(b) *Der Anarchismus*, der von Hobbes und Mandeville bis zu seinen modernen Vertretern wie Nozick (»niemand sollte zu etwas gezwungen werden«) reicht, wandelt das Selbstinteresse in Egoismus als *Tugend* um.

(c) *Der Kollektivismus* gründet einseitig auf dem *Zwang* der *Gruppe*, wobei das Selbstinteresse fast auf Null zurückgedrängt wird. Im Extrem gipfelt er in der ethischen Forderung nach völliger Unterordnung des einzelnen: Du bist nichts, das Volk, die Partei, der Plan, die Gewerkschaft oder das Land ist alles.

(d) *Der Interventionismus*, eine Abart des Kollektivismus, der laufend in den Markt eingreift und dem Staate ökonomische und ethische Kompetenz zuweist, ohne sie kritisch zu prüfen.

Alle vier »unnatürlichen« Ordnungen (Smith) fordern mithin den *anderen* Menschen. Sie verletzen die Natur des Menschen oder verstoßen gegen sie. Zumeist leiten sie ihre ethischen Prinzipien aus *abstrakten* oder übernatürlichen Idealen ab. Daher sind sie entweder Anmaßung oder schwärmerische Utopie.

Ferner vernachlässigt Wicksell methodisch und inhaltlich das *Evolutionäre* in der ökonomischen Analyse, obwohl er Walras' und Jevons *statische* Behandlung mit Hilfe der Mathematik heftig kritisiert (Recktenwald 1988). So hat er die fundamentale Bedeutung von Schumpeters bahnbrechender *Theorie der wirtschaftlichen Entwicklung* (mit seinem *Prinzip* des innovativen Unternehmers), bereits 1912 veröffentlicht, nicht recht erkannt – ganz zu schweigen von Smiths evolutorischem Konzept, das die *vielfältige* Arbeitsteilung und den dynamischen Wettbewerb ebenso erklärt wie den sich ändernden Geschmack (*taste*) und die Entdeckung und Erschließung neuer Märkte (*vent for surplus*) und das ferner *drei Pfade der Entwicklung* (mit empirischen Belegen) analysiert (Recktenwald, Olson

1985). Das Konzept läßt also keineswegs nur das Gesetz des *abnehmenden* Ertrages gelten.

Auf eine dritte Schwäche in Wicksells Denken und Tun sollte ich kurz eingehen. Sie ist eng mit seinen ethischen und religiösen Überlegungen verknüpft. Moderne ökonomische Theorie hat soeben begonnen, Wesentliches zur interdisziplinären Diskussion über die Wohlfahrt des Menschen beizutragen (Becker, Hirshleifer). Sie versucht, die Ethik und neuerdings auch den Glauben in die Klassische Wohlfahrtsfunktion des Menschen einzufügen:

$$W_m = W_m (L, A, R, F, E, G)$$

L = Lebensnotwendigkeiten, A = Annehmlichkeiten, R = Rang und Anerkennung, F = Freizeit, E = Ethik und G = Glauben.

Da auch ethische Werte knapp sind, unterliegen sie wie alle Güter den ökonomischen Gesetzen der Knappheit.

Wir können das Phänomen der *Knappheit* in einfachen Symbolen ausdrücken:

$$B \geqslant G$$

(B = Bedürfnisse und G = Nutzen der Güter oder Werte).

Selbst wenn die Bedürfnisse kleiner als die Nutzen der Güter sind, aber (Z)eit und (R)aum begrenzt sind (also außerhalb des Paradieses)[1], *müssen* wir wirtschaften:

$$B < G, \text{ falls Z und R} \neq \infty$$

Nach welchen Regeln wir dann den *Netto*-Nutzen zeitlich und räumlich maximieren, das legt die ökonomische Wissenschaft offen.

Bereits Aristoteles meinte, »was (auch ethisch, HCR) zuviel ist, kann nicht gut sein«. Anders ausgedrückt: Auch Tugend entwertet sich im Übermaß. Zudem kann man Tugend auch für schlechte Zwecke einsetzen und umgekehrt (Mandeville, Hobbes). So kann man diszipliniert, pünktlich, tapfer, fleißig und gehorsam eine gute wie eine schlechte Tat vollbringen. Man kann aus »höheren« und

[1] Im Garten Eden, wo Fülle *und* Ewigkeit walten, sind Ökonomen überflüssig.

»niederen« Motiven morden und quälen und auch töten lassen. Der Zweck, dem die Tugend dient, bestimmt letztlich ihren Wert und ihr Limit, und dazu können Ökonomen durchaus Sinnvolles sagen.

Wohl eines der interessantesten Felder moderner Forschung ist der jüngste Versuch, ein Fundamentalbedürfnis des Menschen in unser ökonomisches Muster des Denkens und Verhaltens einzubeziehen, seinen *Glauben*. Calvin und Max Weber haben sich ja bereits mit den *Folgen* der Religion auf das ökonomische Verhalten beschäftigt. Wie wir wissen, behaupten, unbelegt, nicht nur David Hume und Karl Marx, der Mensch sei letztlich ein Wesen, das von *metaphysischen* Bedürfnissen frei sei. Und wir kennen ferner den Irrtum von Marx und Engels, die prophezeit haben, die Religion – Opium des Volkes – sterbe im Sozialismus *automatisch* ab, da es kein Privateigentum gibt. Das ist selbst unter stärkstem materiellem und psychischem Druck und sogar Zwang und trotz Orwell-Überwachung nicht eingetreten. Stattdessen können wir *überall* und *jederzeit* beobachten, daß der Mensch einfach ein *Fundamentalbedürfnis* nach übernatürlicher Erwartung, Schutz und Hilfe empfindet, das ihm Sicherheit und Erfüllung bedeutet – ein Ergebnis des Prinzips der Hoffnung, keineswegs aber der »Produktionsverhältnisse« oder des Aberglaubens.

Wer zwar aufgeklärt, aber naiv Glaube via Vernunft mit Aberglaube gleichsetzt oder wer Glaube mit Kirche verwechselt, verstößt gegen die *Natur* des Menschen und damit gegen die Evidenz. Das kann nicht *vernünftig* sein. Weder im Sinne Descartes', Humes, Kants, Marx' noch Wicksells. Auch hier schießt Wicksell weit über das Ziel hinaus.

Unverständlich und widersprüchlich ist auch Wicksells und Humes übersteigertes Vor-Urteil gegenüber religiösen Einrichtungen, deren Wirken sie höchst einseitig und daher unrealistisch beurteilen, und zwar aus der Sicht der Glaubensgemeinschaft wie aus der Sicht der Anhänger einer religiösen Idee. Man muß sich fragen, wer Wicksell und Hume oder uns das Recht gibt, religiöse Bedürfnisse des Menschen einzuschränken oder gar zu leugnen und deren Befriedigung im Kollektiv zu verbieten, nur weil dies angeblich oder tatsächlich gegen die Vernunft verstößt.

Unerklärbares, Ungreif- oder Unfühlbares und Unvorhersehbares halten einfach den Menschen an, gewisse Vorstellungen zu entwickeln, die ihm helfen, allein oder gemeinsam (etwa in der Kirche) Angst abzubauen oder Erfüllung zu erleben oder zu erwarten, ob im Glauben oder im Aberglauben, ob mit oder ohne Vernunft. Mit dieser meiner *modernen* Definition können wir ohne weiteres auch den Glauben in eine Wohlfahrtsfunktion des *einzelnen* Menschen einbeziehen; natürlich nicht in die eines Kollektivs. Denn es gibt keine *sozialistische* Moral – auch kann eine Kirche als solche nicht glauben. Es gab auch niemals eine deutsche oder englische Physik.

Das ist, so meine ich, der Einstieg zum Verständnis für moderne interdisziplinäre Überlegungen, die auch Wicksells Grundposition kritisch überprüfen lassen.

Im übrigen hat Wicksell im *Ansatz* Jevons' und Walras' statische Mechanik in Mikro- und Makroökonomie kritisch betrachtet, doch ist er nicht bis zur evolutorischen Erklärung ökonomischer Phänomene vorgedrungen, die, wie Smith, Schumpeter und Hayek, die reale und *historische* Zeit, kurz die *Entwicklungs*dynamik (nicht die mechanische Dynamik), beachten. So wie die moderne Molekular- und Genbiologie die Strukturlehre oder Morphologie für Fauna und Flora des Schweden Carl von Linné (und vieler Nachfolger) weitgehend obsolet werden ließ, so hat auch die Theorie der *dynamischen Konkurrenz* als Triebfeder der *ökonomischen* Evolution die Statik der Marktformenlehre und der engen Wachstumstheorie beträchtlich veraltet, wenn sich auch deren Vertreter noch immer gegen *offene* Systeme wehren. Der übliche Einwand, man könne dynamischen Wettbewerb und technischen Fortschritt *formal* nicht in unsere Modelle integrieren, erinnert fatal an Herbert Marcuse, der behauptet: »Paßt die Wirklichkeit nicht in meine Theorie, um so schlechter für die Wirklichkeit!«

Ein letzter Schwachpunkt in Wicksells Makroökonomie ist auch bei Böhm-Bawerk zu finden: Es ist bis heute ein gefährlicher Irrtum, *Kapital* – ohne Vorbehalt – sachlich und zeitlich in Arbeit, Ertrag, Konsum oder Nutzen aufzulösen (analog zu Marx' Arbeitswerttheorie und Ricardos Gewinntheorie), um so Wachstum und

Entwicklung zwar elegant, aber *wirklichkeitsfremd* zu erklären. Dabei ist Kapital ein knappes Gut *sui generis*, das heute vielfältigste Formen annimmt, etwa die ganze Skala der abstrakten Eigentums- und Anspruchsrechte oder die der Information – von der Palette der Innovation ganz zu schweigen. Mit dieser radikalen Reduktion werden wichtigste *private* und *öffentliche (!) Transaktionskosten*[1] übergangen. Wicksell wie Böhm-Bawerk haben diese *realen* Formen des Kapitals als *theoretisch irrelevant* strikt abgelehnt, ganz im Gegensatz zu von Hermann (Recktenwald 1988), eine falsche Weichenstellung bis in unsere Zeit. Sie ähnelt im übrigen der fundamentalen Trennung der antiken Philosophie in *edle* und *triviale* (höchstens nützliche) Güter oder Werte, die bis in unsere Zeit alle utilitaristischen Wissenschaften für unwürdig zum Nachdenken und Spekulieren gehalten hat. In beiden Fällen ist es mitunter eine *reductio ad absurdum.*

Zum Anliegen dieser Würdigung

Jede Generation schreibt die Geschichte der Ökonomischen Wissenschaft neu. Das ist natürlich und auch fruchtbar in einer lebendigen Wissenschaft, deren Vertreter meinen, Neues entdeckt und erdacht zu haben – die zumindest nach Innovation und Falsifikation streben, ganz im Sinne von Francis Bacons *ars inveniendi.* Das entspricht zudem dem unzerstörbaren Ethos einer Wissenschaft, die ihre Erkenntnisse im Wettbewerb und unter fairer Kritik ständig an der Wirklichkeit mißt, Annahme, Aussage und Logik überprüft und zu falsifizieren trachtet. Nur so gewinnt sie *zuverlässiges* Wissen über uns selbst und über unsere Umwelt – niemals mit Hilfe von Schulen und geistiger Inzucht via einseitiger Methode oder gar einer *coterie de co-citation* – kurz, durch gegenseitiges Zitieren. Und nur so kann sie etwas sinnvoll erklären und verstehen, also Verschiedenes auf Gleiches zurückführen, und etwas zweckvoll gestalten helfen.

[1] In der Tat ist das Feld der *öffentlichen* Transferkosten oder Transaktionskosten noch kaum beackert, sieht man von der (überbetonten) Zusatzlast (excess burden) einmal ab (Belege in Recktenwald 1988).

Daher ist es nur natürlich, daß im Lichte solch neuer *Einsicht* und *Erfahrung* tradiertes und gegenwärtiges Wissen leicht obsolet oder schief wird, aber auch frühere Erklärungen – oft verdeckt oder falsch interpretiert – unerwartete Bedeutung, ja Rang gewinnen. Je umfassender und tiefer der Wechsel der Paradigmen – also der Leitmuster des Denkens und Handelns – ist, um so stärker wird im allgemeinen die Geschichte der Theorien, Methoden und Visionen in der Rückschau verändert.

Das ökonomische Denken und Tun seit der Antike – in diesem Sinne – als Herausforderung zu betrachten, um sich mit beiden, Theorie und Politik, auseinanderzusetzen, kurz, um deren Bedeutung auch für Gegenwart und Zukunft zu erkennen – das ist eines der Grundanliegen dieses wissenschaftlichen und literarischen Projektes. Es ist mit dem Versuch verknüpft, mit Abstand nachzudenken über die Bedingung, wie ein Klassiker entstand, über Antriebe und Absichten, über unerwartete, erhoffte und enttäuschte Resonanz, über Folgen für den intellektuellen Lebensweg und auch über Revision oder Rehabilitation der Erkenntnis. Hinzu kommt: Die Geschichte einer Idee oder Hypothese im Urteil einflußreicher Autoren *kritisch* zu begleiten.

Die Analysen folgen meinem Konzept, das der Klassiker-Edition zugrunde liegt: Sie prüfen kritisch und offen, was der Schwede Wicksell zum Korpus des ökonomischen Wissens beigesteuert hat und was heute noch klassisch ist, wenn wir die Elle *unserer* Einsicht, Methode und Erfahrung als Maß anlegen. Sie beziehen dabei auch das Urteil der Nachfolger ein. Die drei Interpreten sind bemüht, das Historische in der Rückschau nicht zu verzerren oder gar ungerecht gegenüber Wicksell zu werden, der wie kaum ein anderer das *theoretische* Gerüst seiner Epoche gründlich kannte, es kritisch unter die Lupe nahm und im einzelnen sinnvoll ergänzte und erweiterte – mit einer Weitsicht, die uns heute noch beeindruckt.

Paul A. Samuelson, einer der besten und anregendsten Analytiker unserer Epoche, versteht es in seinem Essay, wie kaum ein anderer Ökonom, das Wissen unserer Zeit analytisch-kritisch in ein historisches Kontinuum einzubetten und, umgekehrt, die Geschichte der ökonomischen Analyse im Lichte unserer Erkenntnis,

Methoden und Erfahrung zu durchleuchten, wobei er – breit gebildet und belesen – auch Biographisches und Historisches sinn- und humorvoll einbezieht.

Er ist weder ein langweiliger und steriler Formalist, der mit mittelmäßiger Mathematik die Logik überstrapaziert, noch ist er ein deskriptiver »Erbsenzähler« der Historie ohne theoretisches Fundament; auch ist er kein naiver Ökonometriker, kein gläubiger Apostel Lord Kelvins, der allein der Zahl vertraut und – extrapoliert. Samuelson hält zudem *Be-* und *Er*kennen stets auseinander, soweit dies ein Mensch vermag. Ausgeprägt ist sein wacher Sinn für das Wesentliche.

Seine Kritik ist stets offen und sachlich hilfreich – niemals maliziös oder gar verletzend, wie etwa bei Marx – selbst dort, wo man ihm nicht folgen mag. Belege sind Samuelsons glänzende Essays über Smith, Thünen, Schumpeter und diese kritische Würdigung Wicksells – jeweils mit einer vorbildlichen Rekonstruktion des analytischen Systems und dessen Elementen, auch als Wiederentdekkung. So enthält »Ein moderner Ökonom rechtfertigt Adam Smith« ein solches Modell, leider noch nicht Smiths (dreigeteilte) *Entwicklungs-* oder gar dessen (mehr visionäre) *Ordnungs*theorie, verstreut über dessen Trilogie (Belege in Recktenwald 1985 und 1988), und noch keinen strengen, *empirischen Test*, was übrigens für Arrows und Debreus dezentrales Modell der Unsichtbaren Hand ebenso gilt.

Samuelson legt Wicksells Beitrag zum Korpus der Wissenschaft ebenso offen wie dessen neue Wege der Analyse, die dann weiter beschritten worden sind oder werden sollten. Er deckt aber auch, wie Musgrave, wesentliche Irrtümer und Widersprüche auf, auch irrelevante Abweichungen und Schwächen. Es beeindruckt auch hier, wie einfühlsam er *vita* und Geschichte mit Wicksells wissenschaftlicher Leistung *wechselseitig* zu verknüpfen weiß, um so das Werk und die komplizierte Persönlichkeit letztlich als *Einheit* besser zu verstehen.

Richard A. Musgrave, einer der besten Kenner des weitsichtigen Schweden, analysiert kritisch Wicksells Beitrag zur *Finanzwissenschaft*. Als ein glänzender Architekt der modernen »Public Economics« und großer Connoisseur ihrer Klassik (1958) legt er, kompetent und souverän, offen, was wir Heutigen Wicksell gerade auf diesem Felde zu verdanken haben. Hier ist ja der wissenschaftliche Fortschritt besonders ausgeprägt, wenn auch nach wie vor viele ökonomische Modelle den *Staat* theoretisch wie empirisch *miserabel* integrieren, obwohl die Staatsquote die 50% Marke erreicht hat und die Politik nicht nur den technischen Fortschritt mächtig beeinflußt – positiv wie negativ. Was allein die moderne Theorie der kollektiven Entscheidung (*public choice*) Wicksell verdankt, hat erst jüngst James Buchanan in seiner Nobel-Vorlesung in Stockholm zu würdigen versucht (Recktenwald 1989). Musgrave schlägt stabile Brücken von Wicksell zur Gegenwart, indem er Erfahrbares und Erdachtes stets koppelt, um die Welt um uns verläßlich erklären zu können.

Musgraves und Samuelsons wissenschaftliche und personale Exegesen sind ebenso kritisch und anregend wie einfühlsam und fair. Beide interpretieren Inhalt, Wirkung und Rang des Opus von Wicksell mit der Klarheit des modernen *Analytikers* aus der Sicht einer Epoche, die den Rang der ökonomischen Wissenschaft beträchtlich erhöht hat, wenn auch das Wissen über uns selbst und unsere Umwelt – im Lichte der Knappheit, Gerechtigkeit und Unsicherheit – in vielem noch *unzuverlässig* ist, von den Holzwegen ganz zu schweigen, die sie immer wieder beim Versuchen und Irren einschlägt.

Unter dem Druck neuer Erfahrung hat – im Zeitalter des Atoms, Gens und Elektrons – auch die ökonomische Theorie begonnen, (Newtons) *Mechanik* und *Statik* im überkommenen Wissen zu überprüfen und durch eine evolutorische Theorie à la Smith, Schumpeter und Hayek zu erweitern und, wo nötig, zu ersetzen. So wie etwa in den Naturwissenschaften die moderne Gen- und Molekularbiologie Linnés Morphologie für Fauna und Flora weitgehend obsolet werden ließ.

So kann die ökonomische Wissenschaft heute noch nicht eine zentrale Frage der Menschheit befriedigend beantworten, wie nämlich der Wohlstand bei progressiv zunehmender Arbeitsteilung mit technologischen Sprüngen, sich ändernden Präferenzen, neuen und besseren Gütern und Verfahren sowie neuen Märkten (via *vent for surplus*, Smith) *wächst* und *verteilt* wird, und wie Innovation (auch in der Wissenschaft, Recktenwald 1989) entsteht, sich ausbreitet und obsolet wird – mit allen Folgen im Wirtschaftsablauf und das in einer Epoche, in der sich die meisten Menschen trotz rasch wachsender Bevölkerung *historisch einmalig* gut versorgen, wobei der einzelne sich relativ frei – auch kulturell – »entfalten« kann, soweit der Markt und nicht kollektiver Zwang die *natürliche* Ordnung regelt.

Aber auch das zweite Grundanliegen der Menschen, wie *Kollektive* organisiert sein sollten und welche Aufgabe ihnen in diesem *Entwicklungs*prozeß zukommt, ist weithin eine offene Frage – trotz beachtlicher Fortschritte im einzelnen, wozu Wicksell im Ansatz Wesentliches beigesteuert hat.

Abrundendes zur praefatio

Um Wicksells Persönlichkeit und den äußeren Lebensweg, eng verknüpft mit seinem Werk, dem Leser etwas näherzubringen, haben Samuelson, Sandelin und ich ein Portrait entworfen, das dem modernen Leser hilft, diesen ethisch motivierten Mann auch in seinen Widersprüchen besser zu verstehen. Im Grunde seines gespaltenen Wesens wollte er Logik und Romantik vereinen – ein utopisches Unterfangen. Wie John Stuart Mill und Karl Marx scheiterte er dabei, was für nüchterne Denker mit Sinn für das Wirkliche zu erwarten war. Die Geschichte hat es dann belegt.

Ferner habe ich wichtige Daten aus der *vita*, neben einer Bibliographie der Werke, zusammengefügt. Sie dienen auch der raschen Orientierung. Ein *Genealogie* legt zeitliche Bezüge zu den bedeutenden Nationalökonomen und deren Werken offen, die vor, mit und nach Wicksell gelebt haben. Bildnisse, Autograph und historisch bedeutsame Zeugnisse, aber auch epigrammatische Urteile über Persönlichkeit, Methoden und Opus wollen helfen, das Bild dieses gründlichen wie komplizierten Mannes ein wenig anschaulich zu machen, der, etwas anarchistisch in der Grundhaltung, tradierte Konvention und Vorurteil, moralisch engagiert, ablehnte und sich davon zu befreien suchte – nicht immer mit Erfolg, wie wir wissen.

Knut Wicksell (1851–1926) spricht
bei einer Friedens-Veranstaltung im Stockholmer Volkspark,
August 1918.

Aphoristisches

ZU LEBEN UND PERSÖNLICHKEIT

»The Bible was no longer to lie hidden obscurely in a dusty corner of the bookcase, it was to be my daily reading and, furthermore, it must be left out on my table as proof that at least one man was not ashamed of the Gospel of Christ.«

Der junge *Wicksell* (um 1870) über seinen Glauben

»I think my husband is the best person in the world. He is the most pure-hearted – and clean-living – man I ever met, there is not a worldly thought in his head; he is as unselfish and undemanding as it is possible to be; he is kind, affectionate and loveable, so that no-one can know him without being fond of him.«

Anna Bugge, Wicksells Frau

»Wicksell had always been extremely inefficient in practical affairs. Although an expert on taxation law, he could not complete his own income tax declaration.« (– was heute *üblich* ist, *HCR*).

Torsten Gårdlund

»Two circumstances contributed to the tardy materialization of his academic career, his relatively late introduction to economics in about 1880 from graduate study of mathematics (which latter he pursued until 1885 when he went abroad for five years to study economics at the universities of England, France, Germany and

Austria), and his early reputation for social and religious unorthodoxy. The latter made his appointment a hotly contested issue and a decided victory for academic freedom.«

Carl G. Uhr

»Certainly, even people who were opposed to his views and often disliked his methods had to recognize his sincerity, courage and complete disregard of his own interests« (– ein offener Widerspruch zu seiner individualistischen Ordnung; wie John Stuart Mill war er, etwas weltfremd, ein intelligenter, aber kein weiser Mann, *HCR*).

Bertil Ohlin

»Er blieb ein Rebell bis ans Lebensende.«

Eric Lindahl

»Knut Wicksell war ein Stockholmer. Er sagte, es sei Musik für ihn, durch die Straßen Stockholms zu gehen.«

Eric Lindahl

ZUR METHODE

»He makes a clear distinction between pure and applied economics and also between political economy, sociology and economic history (– die zentrale Schwäche seines Werkes, *HCR*). In the theories of Population, of Capital, of Money and of Economic Cycles, as well as in mathematical and statistical methodology, many economists now follow his footsteps.«

Johan Åkerman

»As an economist Wicksell lacked one important quality, that of being able to get into contact with what is generally called ›practical‹ economics.« (– ähnlich Walras, der hier versagte, *HCR*).

Bertil Ohlin

Knut Wicksell, 1918.
Zeichnung von C. Jensen-Carlén.

»As a scientist Wicksell made great use of his mathematical gifts and training. In his days, mathematical economics was not as fashionable as it is now, and, like Marshall, Wicksell practically apologized for occasionally taking the liberty of expressing his economic theories in mathematical form.«

Eric Lindahl

ZUM WERK

»Wicksell's economics, because of his ecclecticism and generality, adapts well to the present post-neoclassical age. As with Cournot, his writings speak eloquently to readers of a later century.«

Paul A. Samuelson

»Wicksell must be acknowledged as one of the founders of the general marginal productivity theory of distribution.«

George J. Stigler

»Heute wissen wir, daß diese Makro-Theorie Wicksells alles andere als keynesianisch im Sinne der *General Theory of Employment,*

Interest and Money (1936) ist, die ja betont, eine Theorie des Gleichgewichtes bei *Unterbeschäftigung* zu sein. Wicksells Modell ist ganz wesentlich eine Theorie der *Voll*-Beschäftigung, die ein Preisniveau einschließt, dessen Trend bestimmt wird vom Trend des Geldangebotes der Zentralbank.«

Paul A. Samuelson

AUS DEM WERK

»Even in the socialist state, rent and interest would play exactly the same role as they do now, in determining the reciprocal value of the products, the only difference being that land and capital would then have other owners. It is simply utopian to imagine that any transformation in the conditions of ownership would give natural forces existing in limited quantities the character of free commodities« (– was schon Adam Smith für die ökonomische Nach-Steinzeit behauptet hat; zudem: *Wie* bestimmt der Sozialismus den »reciprocal value«? *HCR*).

Aus den *»Lectures«*

»Wenn die Lehren der Nationalökonomik bis heute nur wenig die Wirtschaft der Nationen umzugestalten vermocht haben, so dürfte der wichtigste Grund dafür einfach der sein, daß jene Lehren nie im Ernste und in ihrem ganzen Umfang durchgeführt (oder nicht einsichtig genug vertreten, *HCR*) worden sind.«

Aus *»Über Wert, Kapital und Rente«*

»Gerechtigkeit von oben nach unten behält immer einen gewissen Beigeschmack von Herablassung oder gar von Verachtung; Gerechtigkeit von unten nach oben war bisher nur zu oft etwa mit Rache (und Neid, *HCR*) synonym.«

Aus *»Finanztheoretische Untersuchungen«*

»Wenn der einzelne sein Geld so für private und öffentliche Ausgaben verwenden soll, daß für ihn die persönlich größtmögliche Befriedigung entsteht, so wird er für die öffentlichen Zwecke (wenigstens wenn man von Gebühren und Taxen absieht) offenbar keinen Deut zahlen. Denn ob er viel oder wenig zahlt, das wird meistens auf den Umfang der Staatsleistungen einen so geringen Einfluß haben, daß er selbst davon so gut wie gar nichts verspüren wird. Allerdings, wenn jedermann dasselbe thun wollte, so würde der Staat bald aufhören müssen zu funktionieren« (– Folgen der Aufhebung des modernen Verbundprinzips, *HCR*).

Aus »*Finanztheoretische Untersuchungen*«

»Nicht den Klassenegoismus zu beseitigen ist Sache der Finanzwissenschaft und der Steuergesetzgebung, sondern ihm seinen geeigneten Platz anzuweisen – als Schutzwehr berechtigter *Einzel*interessen« (– meine Betonung, *HCR*).

Aus »*Finanztheoretische Untersuchungen*«

Anna Bugge und Knut Wicksell
mit ihren Söhnen Sven (rechts) und Finn;
um 1905.

Wicksells Werk und Persönlichkeit – Eine kritische Analyse in moderner Sicht*

PAUL A. SAMUELSON

Knut Wicksell (1851–1926) ist nicht nur der führende Ökonom Skandinaviens aller Zeit. Sein Ansehen als einer der Großen in der ökonomischen Wissenschaft hat ihn zudem (mehr als 60 Jahre nach seinem Tode und nach der Übersetzung seiner zahlreichen Schriften in die Weltsprachen) in den inneren Kreis der Unsterblichen erhoben – in die Walhalla von Adam Smith, Léon Walras und John Maynard Keynes.

Wicksell war ein herausragender Architekt der neoklassischen Mikroökonomie. Sein erstes Werk *Über Wert, Kapital und Rente* (1893) verband Böhm-Bawerks Kapitaltheorie mit Jevons', Walras' und Paretos mathematischen Modellen des Gleichgewichts. Und unter den Schöpfern der Grenzproduktivitätstheorie der Verteilung teilt er den Rang mit John Bates Clark, Wicksteed und Walras. (Selbst die sogenannte *Cobb-Douglas* Produktionsfunktion – der Ausstoß ist proportional zu $(\text{Arbeit})^{K} \cdot (\text{Kapital})^{1\text{-}k}$ –, die in ökonometrischen Forschungen so berühmt geworden ist, seit sie Paul Douglas in den 1930er Jahren verteidigt hat, war bereits von Wicksell um die Jahrhundertwende entdeckt und mehrmals benutzt worden.) Die drei schwedischen Editionen und die deutsche Ausgabe seiner *Vorlesungen* enthalten im Band 1 seine Beiträge zur Mikroökonomie. Als diese *Lectures on Political Economy* 1934 ins Englische übertragen wurden, erkannte man bald, daß sie Alfred Marshalls *Principles of Economics* (1890–1920) in Tiefe, Inhalt und Frische übertrafen. Um ein Beispiel zu wählen: Alle Diskussionen nach Hicks über die Verteilungsfolgen des technischen Fortschritts sind auf Wicksell zurückzuführen.

* Michael Recktenwald hat den Text ins Deutsche übertragen.

10 Jahre nach Wicksells Tod war es vornehmlich die Makroökonomie, die ihn berühmt machte. Richard Kahn hat 1936 *Geldzins und Güterpreise* (1898) unter dem Titel *Interest and Prices* übersetzt. Die zahlreichen Ausgaben und Übersetzungen seiner *Vorlesungen, Band II: Geld* entwickelten und verallgemeinerten Wicksells Vorstellung über den *kumulativen* Prozeß, in dem die *Zentralbank einen Aufwärtstrend im Geldangebot und Preisniveau herbeiführte, indem sie hartnäckig die Politik verfolgte, den Marktzins stark nach unten zu drücken und ihn unter den »natürlichen« (mikroökonomischen) Zinssatz zu zwingen.* [Numerisch ausgedrückt nimmt Wicksell an, Entscheidungen über reale Ersparnisse und Investitionen würden einen ehrlichen 5%-Zinssatz vorschreiben, wenn das Preisniveau stabil ist. Wollte die Zentralbank freiwillig Geld zu 4% ausleihen, würden so viele Nachfrager auftreten, wie erforderlich sind, um neues Geld in einem steten Prozentsatz an Zuwachs zu drucken. Als ein Anhänger der Quantitätstheorie des Geldes würde Wicksell erwarten, das Geldangebot nehme dauernd prozentual zu, um eine gleichwertige Wachstumsrate zu bewirken – nehmen wir an, beide jährlich zu einem Satz von 2%. Bei ausgeglichener Inflation und unveränderter Vollbeschäftigung würde der *natürliche* Zinssatz von 5%, ausgedrückt in realen Größen, nominal zu einem Zinssatz von 7% führen (gleich 5% plus einer Inflationsprämie von 2%). Selbst wenn die Zentralbank den Marktzins über die 4% zu Anfang hochtreiben würde, sagen wir auf 6%, würde das Geldangebot ständig zu einem festen Prozentsatz im Jahr weiter tendenziell wachsen. Nur wenn reale Marktsätze und reale natürliche Sätze gleich sind – wie für beide 5% – können wir erwarten, daß das Geldangebot weder wächst noch abnimmt und das Preisniveau stabil bleibt.]

Heute wissen wir, daß diese Makro-Theorie Wicksells alles andere als keynesianisch im Sinne der *General Theory of Employment, Interest and Money* (1936) ist, mit ihrer Betonung, eine Theorie des Gleichgewichtes bei *Unterbeschäftigung* zu sein. Wicksells Modell ist ganz wesentlich eine Theorie der *Voll*-Beschäftigung, die ein Preisniveau einschließt, dessen Trend bestimmt wird durch den Trend des Geldangebotes der Zentralbank.

Wicksells kumulativer Prozeß gab in Schweden Anlaß zu angeregten Debatten, wie genau man ein langfristiges Gleichgewicht zu definieren habe. Schließt es, unerläßlich, einen Begriff des stationären Preisniveaus ein? Davidson, Wicksells geschätzter älterer Kollege, argumentierte, eine Epoche technischen Fortschritts sollte sich im Preisniveau ausdrücken, das in Abstimmung mit dem Rückgang der Realkosten sinkt und so die Vorteile höherer Realeinkommen auf alle Konsumenten ausbreitet, deren Nominaleinkommen unverändert bleibt. Wicksell definierte, recht dogmatisch, Stabilität im Preisniveau als *desideratum* (da er im ganzen an Says Gesetz glaubte, leuchtet es indes nicht ein, warum er sich so stark von Davidson unterschieden haben soll). Die Generation schwedischer Ökonomen nach Wicksell, Davidson, Cassel und Heckscher-Myrdal, Lindahl, Ohlin, Lundberg – verschwendete viel Tinte und Zeit für ihren Versuch, sich mit Wicksells Gleichgewichten von Sparen und Investieren sowie von natürlichem und Marktzinssatz herumzuschlagen. Für die Modernen der Neuen Klassischen Schule – Robert Lucas, Thomas Sargent und Vertreter der rationalen Erwartung – fehlt diesen schönen Unterscheidungen viel an praktischer Bedeutung. Und für die Erben der keynes'schen Tradition scheinen sich jene Diskussionen nicht auf Essentielles zu konzentrieren.

Weil Wicksell die Quantitätstheorie des Geldes und der Preise nicht technisch erörterte, redeten sich einige seiner Anhänger selbst ein, er habe die Quantitätstheorie abgelehnt. Das tat er indes nicht; stattdessen versah er die Tautologie MV = PQ mit einer Theorie, wie das Angebot von M durch ein positives und ein negatives Zeichen aufwärts oder abwärts gelenkt wird, das die Zentralbank mit dem Faktor (natürlicher Zinssatz *minus* Marktzinssatz) erfindet oder fortsetzt. Wicksell wie Marshall, Irving Fisher oder Milton Friedman heute, genügte es, Q nahe dem Vollbeschäftigungsniveau als relativ konstant zu betrachten und die Umlaufgeschwindigkeit des Geldes, V, als nahezu unverändert oder höchstens nur schwach vom nominalen Zinssatz beeinflußt zu sehen.

Es findet sich mithin so etwas wie ein Paradoxon in seiner Anerkennung als Ökonom der Makroökonomik, die er in der Vorkriegszeit genoß. Ich beschreibe es in *The New Palgrave: A Dictionary of Economics* [1987, Bd. 4, Samuelson, S. 908] so:

> Ein Jahrzehnt nach Wicksells Tod im Jahre 1926 war es seine Spar-Investition – Makroökonomik, welche Ökonomen am meisten schätzten. Alle Skandinavier waren Neo-Wicksellianer in der Zeit zwischen Keynes' *Treatise on Money* (1930) und *The General Theory of Employment, Interest and Money* (1936): Auf dem Kontinent dachten Österreicher wie Ludwig von Mises, Friedrich von Hayek und Gottfried von Haberler auf gleiche Weise, in Amerika war der junge Alvin Hansen ein Mitreisender Wicksells in der Zeit vor seinem Treck auf dem Weg von Keynes' *General Theory* nach Damaskus. Obwohl Neo-Wicksellianismus den Glauben an Says' Gesetz schwächte, ist heute nicht mehr viel davon in der ökonomischen Wissenschaft lebendig. Wir erkennen nunmehr, daß Gunnar Myrdal und Erik Lindahl in ihren Debatten über Wicksell, Anfang der 1930er Jahre, keine allgemeine Theorie des *Ausstoßes als ein Ganzes* vorweggenommen haben. Ähnlich dem *Treatise on Money* und Dennis Robertsons monetärem Muster richteten sie ihren Blick vornehmlich auf das *Preis*niveau als der makro-ökonomischen Variablen ihrer Gleichgewichtstheorie. Es stimmt, Bertil Ohlin und Ragnar Frisch schrieben voraussehend über induzierte Änderungen im Gesamtausstoß, als sich die Große Depression verstärkte und als man eine wirksame Fiskal- und Geldpolitik befürwortete. Dabei achteten sie auf Wicksells Klammern an die Makroökonomik.

Für die Stockholmer Schule um 1935 war es ein fruchtbarer Fehler, daß sie Wicksells Makroökonomik fehlinterpretiert hatte (Belege in Ohlin, 1937). Ich sollte anfügen, daß Wicksells Schriften gegen Ende des Ersten Weltkrieges die Orthodoxie seiner makroökonomischen Ansichten bestätigen. Er verteidigte übereilt eine Rückführung des schwedischen Preisniveaus auf seine Vorkriegshöhe mit Hilfe einer Politik, welche die Goldparität der schwedischen Krone von 1914 wiederherstellen sollte. Er selbst war davon überzeugt, die Fairness erfordere dies. Damit nicht genug, unterschätzte er dummerweise die vorübergehende Arbeitslosigkeit und Rezession, die eintreten würde, falls Schweden seinem Rat folgte.

Bevor ich mich der faszinierenden Persönlichkeit Knut Wicksells zuwende, sollte ich ein paar Worte über seine *Finanztheoretischen Untersuchungen nebst Darstellung und Kritik des Steuerwesens Schwedens* (1896) sagen, die in dieser prächtigen Edition wieder aufgelegt werden. Das Werk wurde begonnen, als sein Autor gut im fünften Lebensjahrzehnt war, noch arbeitslos und in Sorge um die Anschlußkarte für eine Habilitation. Seinem Genie blieb nichts anderes übrig, als das Werk zu einem Klassiker zu machen, dessen Kategorien für die Finanzwissenschaft in Richard Musgraves Meisterwerk *Theory of Public Finance* (1959) auch für unsere Generation bewahrt sind.

Hier sind nur wenige Glanzpunkte aus diesem Werk:

(1) Wicksell unterstreicht, auf Werturteilen der Ethik fußend, die Vorteile einer progressiv gestaffelten Einkommensteuer gegenüber einer indirekten Steuer auf Waren, die damals in Skandinavien bedeutend war.

(2) Wie Gustav Cassel nach ihm, so betont Wicksell die normativen Vorzüge der Preise für Eisenbahnen und öffentliche Einrichtungen auf der Basis der *Grenz*kosten.

(3) Höchst wichtig ist Wicksells Modell der Besteuerung auf der Grundlage des freiwilligen Tausches. Österreicher (wie Karl Sax) hatten versucht, den gleichen Kalkulus des Grenznutzens auf öffentliche Güter anzuwenden, den man auch für private benutzte. Wicksell suchte die Analyse zu verfeinern. Er begann sozusagen mit privaten Gütern wie Nahrung und Kleidung, jedes individuell aufteilbar, so daß, je mehr Bürger A bekommt, um so weniger für B übrigbleibt. Angenommen, die Skalenerträge bleiben technologisch unverändert, so folgert Wicksell, daß vollkommene Konkurrenz zu einer Angebots- und Nachfragelösung auf dem Markt darüber führt (a) wieviel A und B arbeiten wollen und (b) wieviel an Nahrung und Kleidung, erzeugt von A und B, verkauft werden wird.

Als Utilitarist erkennt Wicksell, daß unter Laissez-faire ein Übermaß an Einkommen und Konsum des A im Vergleich zu dem des B über einen Steuer-Transfer-Mechanismus von A zu B ausgeglichen werden kann, der jedem Bürger via Demokratie aufgezwungen wird. In Wicksells Augen benötigt Adam Smiths Unsichtbare Hand im Laissez-faire die helfende Hand umverteilender Steuern und Transfers, bevor man die Grenznutzen der Individuen als ethisch vergleichbar betrachten kann.

Aber wie steht es mit einem *öffentlichen Gut* wie Konzerten in einem Park oder dem Polizeischutz? Wicksell schlägt in der Tat vor, daß es im Interesse von A und B liegt, einem solchen Vorhaben zuzustimmen, das beiden einen relativen Grenznutzen bietet, der, in einem gewissen Sinne für alle Bürger *addiert*, sich mit jenem des betreffenden öffentlichen Gutes deckt, das sie gemeinsam nutzen. Eine Einstimmigkeitsregel bei der Wahl sorgt dann z. B. für einen Polizeieinsatz von zwei Zügen für Jazz-Konzerte an jedem zweiten Samstag statt unserer Zustimmung zu mehr Ausgaben für private Nahrung und private Kleidung.

Selbst in Skandinavien kann man Einstimmigkeit nur schwer erreichen. Erik Lindahl, ein Nachfolger des klugen Wicksell, nachdem sich dieser von den Universitäten Lund und Stockholm zurückgezogen hatte, entwickelte in seiner Habilitationsschrift (Lindahl 1919), eine verfeinerte diagrammatische Version des Wicksell-Lindahl-Modells für öffentliche Güter. Samuelson (1954, 1955, 1958, 1969) formalisierte die pareto-optimalen Eigenschaften eines solchen allgemeinen Gleichgewichts von öffentlichen und privaten Gütern, nachdem er 1939 von diesem Modell durch Musgraves Harvard-Arbeit (1939) erfahren und von Howard-Bowens Analogie von der Wahl der Wähler und der Nachfrage der Konsumenten (1943) profitiert hatte. Während sich Wicksell und Lindahl zu wenig Gedanken über das Streben aller Bürger gemacht hatten, ihre wirklichen Wünsche nach öffentlichen Gütern zu *verbergen* – dies im Interesse »einer Freifahrt« – war ich wahrscheinlich zu pessimistisch im Hinblick auf das Problem, die Leute zu motivieren, daß sie ihre echten Präferenzen für das fragliche öffentliche Gut offenlegen. Nach 1977 haben Groves und Ledyard und andere Autoren (belegt in Ledyard,

1987) einige Algorithmen, anreizkompatibel, erörtert, die eine Gesellschaft benutzen könnte, um Leute zu ermutigen, ihre relativen Grenznutzen wirklich offenzulegen.

Wiederum führt uns dies dazu, Wicksells Genius zu bewundern.

Wicksell und die victorianische Ära

Vor einem Jahrhundert hat die geographische Verschiedenheit der Sprachen den Inhalt der ökonomischen Wissenschaft stark geprägt. Das meiste, was Wicksell über Ökonomie schrieb, war in Schwedisch. Er hatte ein gewisses Monopol im Zugang zu den Lesern seiner Heimat und der angrenzenden Länder Dänemark und Norwegen. Aber er zahlte einen hohen Preis dafür, denn der riesige Rest der Welt wußte nichts von seinen Schriften in einer obskuren Sprache des Nordens.

Zum Glück waren Wicksells Hauptwerke in Deutsch verfaßt oder sie wurden, wie im Falle seiner *Lectures*, früh ins Deutsche übersetzt. Deutsch war um die Jahrhundertwende die herausragende Sprache der Wissenschaft (wenn man früher gewöhnlich sagte, nur ein Dutzend Menschen hätte Einsteins Relativitätstheorie verstanden, so hätte man noch zutreffender behaupten können, daß wirklich alle von ihnen auch Deutsche waren). Dennoch hatten Wicksells große Arbeiten nur eine Auflage von wenigen 100 Exemplaren. Was die enge Disziplin der Wirtschaftswissenschaft anlangt, so hätte Wicksells Einfluß auf das Denken in der Welt weitaus größer sein können, wäre es, durch einen Zufall, nicht die schwedische, sondern die englische Sprache gewesen, in der er schrieb. Sicherlich verpaßten es ebenso Carl Menger, Léon Walras und Vilfredo Pareto, den Ruhm zu erleben, den ihre transzendente Originalität verdiente, weil ihre Werke unglücklicherweise niemals rechtzeitig eine Übersetzung ins Englische erlebten. Andererseits erfuhr Eugen von Böhm-Bawerk keine solche Vernachlässigung, weil glücklicherweise William Smart sofort gute Übersetzungen seiner Werke vorlegte.

Mit dem Vorteil später Einsicht können wir vielleicht ein paar Paradoxien verstehen. Manchmal ist später Ruhm größerer Ruhm.

Wären Wicksells Originalitäten nach und nach in den Jahren vor 1920 bekannt geworden, hätte es sozusagen nicht jene Erneuerung und Ausweitung der Lebensdauer ihrer Urheberrechte geben können, die eintraten, als sie in den 30er Jahren durch ihre Übersetzung bekannt wurden. Gerade so wie Darwins Mutter Natur die Variabilität der Organismen vermehrt und damit eventuell für größere Tauglichkeit sorgt, indem sie den isolierenden Mechanismus der Artentrennung auf abgelegenen Inseln erlaubt, so mag es auch vor einem Jahrhundert von Vorteil gewesen sein, daß die isolierende Schranke der Sprache es erlaubte, daß wissenschaftliche Traditionen, die sich irgendwie unterschieden, entstanden und nebeneinander existierten. Wäre es etwa besser, einen französisch schreibenden La Grange und einen englisch schreibenden Hamilton zu haben, als einem James und John Bernoulli einen anderen Daniel und Nicholas hinzuzufügen, die Latein und Deutsch benutzten?

Was auch immer die Vorzüge und Fehler früherer und gegenwärtiger Muster sind, der Tod ist unbeugsam. Sollte ein Knut Wicksell heute in Gothenburg oder Osaka auftauchen oder, aus dieser Sicht, in Heidelberg oder Paris, sie oder er würde zweifellos in der *American Economic Review* oder der *Review of Economic Studies* veröffentlichen. Via elektronische Medien wird sich heute jedes neue Theorem der Nicht-Substitution oder des Faktor-Preisausgleiches mit Lichtgeschwindigkeit in den wissenschaftlichen Gemeinden ausbreiten, auf welchem Kontinent diese auch immer liegen mögen. Es geht keine Zeit verloren – selbst wenn das bedeutet, daß wir alle zusammen den gleichen Fehler machen werden.

Wicksell – der Mensch

Nicht-Schweden, wie ich selbst, betrachten Wicksell als eine Art Heiligen. Die Arroganz und Selbstbezogenheit seines großen Rivalen in Skandinavien, des konservativen Gustav Cassel, lassen den Heiligenschein um Wicksells Haupt um so heller leuchten. Hier handelt es sich um einen Genius, der bis zu seinem 50. Lebensjahr allein arbeitete. Als schließlich sein anti-monarchistischer Qualm verflog, glückte es ihm, einen Lehrstuhl an der Universität Lund zu erhalten. Stets erkannte er die Tiefen und Schwierigkeiten eines Problems, und er teilte mit dem Leser seine Ungewißheit über dessen Lösung. Endlich, nach seinem Tode, haben Ökonomen jeder Sprache seinen wahren Wert schätzen gelernt.

Wicksell war nicht nur ein weiser Gelehrter und Wissenschaftler, er war zudem eine moralische Kraft, die nach einer Gesellschaft mit mehr Gleichheit strebte. Er war ein früher Architekt des Wohlfahrtsstaates oder der dualen Wirtschaft. Und dennoch leugnete sein warmes Herz niemals die Vernunft des kühlen Kopfes des Wissenschafters. In den ersten Jahrzehnten des Jahrhunderts, als der Marxismus großen Zuspruch unter den arbeitenden Klassen in Europa fand, prüfte Wicksell entschlossen Marx' Denkmuster und politische Empfehlungen. Er verwarf sie auf Kosten seiner eigenen Popularität und seines unmittelbaren Einflusses. Stattdessen ahnte er den Nach-New-Deal Roosevelts, wie Schwedens eigenen Mittleren Weg in der Epoche 1930–1980, voraus. Er empfahl in erster Linie den dezentralen Wettbewerbsmarkt zu nutzen, aber mit umverteilender Besteuerung und Transferprogrammen, um die Ungleichheiten zu mildern, die mit einem Laissez-faire-Kapitalismus verbunden sind.

Dieses idealisierte Portrait enthält einige Wahrheit. Aber nach dem Erscheinen der glänzenden Wicksell-Biographie von Torsten Gårdlund (1956–1958) erkannte man schließlich auch im Ausland, daß das realistische Bild komplizierter und interessanter war.

Wicksell, so hören wir, war so etwas wie ein Agitator und verschrobener Mensch. Er fühlte einen inneren Drang, Unmodernes auszusprechen. Nach einer jugendlichen Phase der Religiosität verfiel er in einen heftigen Atheismus. Das Anliegen der Geburtenkontrolle und die Begrenzung des Bevölkerungswachstums wurde so etwas wie eine Besessenheit für ihn, und das zu einer Zeit in der europäischen Geschichte, als Technologie, Auswanderung und Familienplanung eben anfingen, die Bedeutung des Gesetzes abnehmender Erträge und der Knappheit des Bodens in fortgeschrittenen Wirtschaften zu schwächen. Es erübrigt sich eigentlich, zu sagen, daß Wicksell Pazifist war. Nur wenige Pazifisten würden jedoch das

Schweden um die Jahrhundertwende zwingen wollen, nicht nur die defensive Verteidigungskraft aufzugeben, sondern sich sogar mit dem totalitären Zarenreich zu verbünden, um Budgetmittel einzusparen und jene barbarische Gesellschaft zu zivilisieren, indem man sie von innen aushöhlt. Wicksell war ein glühender Republikaner. Aber nur wenige Antimonarchisten würden die Berufung auf einen Lehrstuhl und die Einkünfte daraus aufs Spiel setzen – zumal noch ohne eine akademische Position und im Alter von nahezu 50 Jahren–, die seine Familie dringend benötigte, um finanziell zu überleben; Wicksell hätte lediglich die königliche Ernennungsurkunde unterschreiben müssen. Wieviele Freidenker haben – hoch in ihrem sechsten Lebensjahrzehnt – das brennende Bedürfnis, blasphemische Bemerkungen über die Jungfrauengeburt zu äußern, um dafür ein Martyrium im Gefängnis zu erleben?

Dieses veränderte Bild des Helden hat einen romantischen, ja strindberg-ähnlichen Glanz, aber wo soll man die Linie zwischen Selbstlosigkeit und Zügellosigkeit ziehen? Gustav Cassel verdient die Vorwürfe der Zeitgenossen aufgrund seiner napoleonischen Anmaßung und seiner nationalistischen Ansprüche. Doch ist nicht Höflichkeit gegenüber solchen Antagonisten mitunter eine wirksamere Waffe als Rohheit? Außerdem war Cassels Ansicht über einige wissenschaftliche Anliegen, die Wicksell und Cassel trennten, nicht unbedingt falsch. Cassel und Keynes kritisierten zurecht jeden Versuch nach dem Ersten Weltkrieg, Preisniveaus und Wechselkursparitäten auf die Höhe der Vorkriegszeit von 1914 zurückzunehmen. Wicksells entgegengesetzter Glaube an die Neutralität des Geldes war, wie ich argwöhne, von dogmatischer Halsstarrigkeit geprägt. Psychologische Willenskraft beherrschte seine Lebensspanne. Wäre wiederum Cassel nicht willens gewesen, Wicksells *bête noir* begrenzter Ressourcen der Natur und abnehmender Erträge zu schaffen, hätte er nicht in der Zeit des Ersten Weltkrieges den berühmten Akzelerator-Multiplikator des Wachstumsmodell von Harrod und Domar (1940) vorwegnehmen können. Auch dort, wo es sich um die Beschreibung der langfristigen Entwicklung des Preisniveaus handelt, kann wohl niemand sagen, daß ein Cassel-Ansatz, der auf der Schätzung der exogenen (und endogenen) Trends des monetären Angebots beruht, nicht ebenso fruchtbar sein kann wie ein Wicksell-Modell, das auf der Beeinflussung der Marktzinssätze durch die Zentralbank gründet.

Ich kann nicht bedauern, daß Knut Wicksell etwas anderes war als ein Säulenheiliger aus Gips, oder daß er sich so stark von Stanley Jevons, Francis Edgeworth, John Maynard Keynes oder Joseph Schumpeter unterschied. Er zahlte für seine höchstpersönlichen Eigenheiten, und am Ende trug sein Stern den Sieg davon. Das Fehlen eines Dogmas in seinen Schriften erlaubten es Ohlin, Lindahl und meiner Generation von Ökonomen, gelassen über seine eigenen wissenschaftlichen Leistungen hinauszugehen.

Wenn ich heutzutage Alfred Marshall und J. B. Clark lese, rieche ich victorianisch Altertümliches. Doch sagt es viel über den Genius von Wicksell, Thünen und Cournot aus, wenn ich bei der Lektüre dieser Autoren die Anregung verspüre, die Grenze der ökonomischen Wissenschaft und Erkenntnis hier und jetzt, Ende des 20. Jahrhunderts, zu erweitern.

Bowen, H.R., The Interpretations of Voting in the Allocations of Economic Resources, in: *Quarterly Journal of Economics*, Bd. 63, 1943, S. 27–49.

Cassel, G., Theory of Social Economy, London 1923.

Gårdlund, T., The Life of Knut Wicksell, Stockholm 1958.

Ledyard, J.O., Incentive Compatibility, in: *The New Palgrave: A Dictionary of Economics*, hg. von J. Eatwell et al., Bd. 2, London 1987, S. 739–44.

Lindahl, E., Die Gerechtigkeit in der Besteuerung, Lund 1919.

Musgrave, R.A., The Theory of Public Finance, New York 1959.

–, The Voluntary Exchange Theory of Public Economy, in: *Quarterly Journal of Economics*, Bd. 53, 1939, S. 213–37.

Ohlin, B., Some Notes on the Stockholm Theory of Saving and Investing, in: *Economic Journal*, Bd. 87, 1937, S. 53–69 und S. 221–40.

Samuelson, P.A., The Pure Theory of Public Expenditure, in: *The Collected Scientific Works of Paul A. Samuelson*, hg. von J. Stiglitz, Bd. 2, Cambridge, Mass. 1966.

–, Diagrammatic Exposition of a Theory of Public Expenditure, in: *The Collected Scientific Works of Paul A. Samuelson*, hg. von J. Stiglitz, Bd. 2, Cambridge, Mass. 1966.

–, Aspects of Public Expenditure Theories, in: *The Collected Scientific Works of Paul A. Samuelson*, hg. von J. Stiglitz, Bd. 2, Cambridge, Mass. 1966.

–, Pure Theory of Public Expenditure and Taxation, in: *The Collected Scientific Works of Paul A. Samuelson*, hg. von C. Merton, Bd. 3, Cambridge, Mass. 1972.

–, Wicksell and Neoclassical Economics, in: *The New Palgrave: A Dictionary of Economics*, hg. von J. Eatwell et al., Bd. 4, London 1987, S. 908–10.

Wicksell, K., Über Wert, Kapital und Rente, Jena 1893.

–, Finanztheoretische Untersuchungen nebst Darstellung und Kritik des Steuerwesens Schwedens, Jena 1896.

–, Geldzins und Güterpreise, Jena 1898.

–, Lectures on Political Economy, Bd. 1, General Theory, London 1934.

–, Lectures on Political Economy, Bd. 2, Money, London 1934.

Uhr, C.G., Wicksell, Johan Gustav Knut (1851–1926), in: *The New Palgrave: A Dictionary of Economics*, hg. von J. Eatwell et al., Bd. 4, London 1987, S. 901–08.

Knut Wicksell,
etwa Mitte der 1870er Jahre.

Wicksell und die Geburt der modernen Finanztheorie*

RICHARD A. MUSGRAVE

Wicksells Beitrag zur Wirtschaftstheorie wird durch einen einzigartigen Gedanken charakterisiert: Sein Ziel war es nicht, *per se* zu theoretisieren, sondern die Schlüsselphänomene so zu erfassen und zu erklären, daß verbessertes Verstehen zu verbesserter Gestaltung führen kann. Weit entfernt vom Elfenbeinturm des Philosophen sollte wissenschaftliche Forschung mit wirtschaftlichen und sozialen Reformen verknüpft sein. Wicksells bekannteste Beiträge liegen auf dem Felde der Allgemeinen und vor allem auf der Makro-Theorie, wie es Professor Samuelson in seinem Essay belegt. Obwohl nach Inhalt verschieden, spiegelt sein Makro-Modell geistig Keynes' späteres Konzept wider – mehr mit Blick auf Inflation als auf Beschäftigung. Einige wenige Schlüssel-Variablen bilden die Grundzüge, und ihr Zusammenspiel wird in einem allgemeinen Gleichgewichtssystem überprüft. Aber Wicksell lieferte auch einen, wenn nicht sogar *den* entscheidenden Beitrag zur Geburt der modernen finanztheoretischen Analyse.

Sein Werk *Finanztheoretische Untersuchungen*, das hier reproduziert wird, ist in drei Hauptkapitel gegliedert: Steuerinzidenz, Grundsätze der gerechten Besteuerung sowie eine historisch orientierte Übersicht über das Steuerwesen Schwedens. Wicksells Analyse der Inzidenz erfolgt im Rahmen des allgemeinen Gleichgewichtssystems im Sinne Böhm-Bawerks, mit Schwerpunkt auf dem Zusammenspiel zwischen den Erträgen aus Kapital und Arbeit. Eine Einkommensteuer auf einen oder beide Faktoren wird letztlich alle Faktoranteile beeinflussen. Im Ablauf entsteht ein Zusatz-Ver-

* Heike Gerhards, Jürgen Lohmann und Udo Raab haben den Text ins Deutsche übertragen.

lust, vor allem im Falle einer einzelnen Verbrauchssteuer, was Wicksell klar erkannte.[1] Das Modell wird sprachlich und mathematisch präsentiert, wobei er in der Inzidenz-Analyse seiner Zeit weit voraus ist. Das Werk enthält auch einen anregenden Beitrag zur Theorie einer progressiven Besteuerung – auf der Grundlage eines Konzepts der Nutzenfunktion, ein Gegenstand, der damals lebhaft diskutiert wurde, so von Cohen-Stuart und anderen.[2] Diese Beiträge belegen Wicksells Fähigkeit und Visionskraft als technischer Ökonom, doch sind es seine »Grundsätze der gerechten Besteuerung«, die den originellsten und dauerhaftesten Beitrag liefern.

Nachdem Menger und Jevons die Grenzbedingungen offengelegt hatten, die vorliegen müssen, um Hilfsquellen effizient zu nutzen, entstand bald eine parallele Erörterung, wie man diese Prinzipien auch auf den öffentlichen Sektor anwenden könnte. Die Theorie der öffentlichen Güter sollte nun auf den subjektiven Nutzen für Konsumenten gründen, analog zu jenem für private Güter.[3] Daher wurde die Tradition der Zahlungsfähigkeit beiseite geschoben. Der Rückgriff auf das Nutzenprinzip sollte einen gemeinsamen Boden für den öffentlichen und privaten Sektor liefern. 1896, drei Jahre nach dem Erscheinen von *Über Wert, Kapital und Rente,* griff Wicksell in diese Debatte ein. Er beginnt seine »Grundsätze der gerechten Besteuerung« mit einer kritischen Übersicht früherer Abhandlungen, bevor er sein Modell vorstellt. Er fordert nicht nur eine klarere Formulierung des neuen Konzeptes, sondern beansprucht auch, daß es hinter einer rein normativen Fassung zurückstehe. Getreu seiner Idee einer nützlichen Wirtschaftstheorie, gab er sich nicht damit zufrieden, die *Bedingungen* festzulegen, die erfüllt werden müssen, um den öffentlichen Sektor ökonomisch zu analysieren. Voller Ungeduld im Nachdenken über diese Bedingungen, ging es ihm vor allem darum, weiterzukommen und die Mechanismen offenzulegen, mit denen man eine solche Aussage *anwenden*

[1] Finanztheoretische Untersuchungen, S. 61.

[2] Ebda., S. 160.

[3] Ausgewählte Beiträge zu dieser Diskussion in R. A. Musgrave und A. T. Peacock (1958), *Classics in the Theory of Public Finance,* London: Macmillan.

konnte. Diese Vorstellung hat Eric Lindahl in seiner Doktorarbeit weiter verfolgt, die unter Wicksells Anleitung[1] entstand. Hier wird die vertikale Addition individueller Nachfragekurven (oder eine gleichwertige Formulierung) als gegeben angenommen, wobei die Summe individueller Steuerpreise die Kosten des öffentlichen Gutes deckt. Dieser Gedankengang wurde dann in den folgenden Dekaden aus den Augen verloren. Wicksells eigener Beitrag, wie der Lindahls, blieb Englisch sprechenden Ökonomen praktisch unbekannt – bis ich, fünfzig Jahre später, in meinem frühen Werk darauf aufmerksam machte.[2]

Während das Interesse an innovativer Finanztheorie bis Ende des 19. Jahrhunderts zurückgegangen war, wurde es mit Pigous Beitrag von 1927[3] erneut entfacht. Diese Renaissance griff indes auf das J. S. Mill-Edgeworth-Steuer-Konzept zurück, anstatt Wicksells Modell auszubauen. Auf der Grundlage der Zahlungsfähigkeit trennte Pigou wieder einmal die Steuer von der Ausgabenseite des Budgets und behandelte nur die erstere. Er merkt kurz an, man solle den Umfang des Haushalts so anpassen, daß die marginale Befriedigung durch den öffentlichen Dienst mit den marginalen Kosten der Abgaben übereinstimme, doch dann behandelte er nur das Problem eines effizienten Steuerplanes. Mit dem geringsten Gesamtopfer und der progressiven Besteuerung als korrekter Lösung beruht dieses Konzept grob auf der Annahme eines inter-personalen Nutzenvergleiches, weshalb es auch zusammenbrach – es sollte wiederbelebt werden durch den Einbau einer sozialen Wohlfahrtsfunktion, indem man gesellschaftliche Werte relativen Einkommensstufen zuordnete. Im Bewußtsein, daß die Last der Steuer sich nicht nur im entrichteten Dollar ausdrücke, inspirierte Pigou auch Ramsay zum ersten Schritt in der Analyse des Zusatz-Verlustes. Wicksell hätte dies alles als einen interessanten Weg in der falschen Richtung betrachtet, um das Problem zu lösen. Die vollständige

[1] Eric Lindahl (1919), *Die Gerechtigkeit der Besteuerung*, Lund: Gleerupska. Siehe auch Musgrave und Peacock, *op. cit.*

[2] R. A. Musgrave (1939), »The Voluntary Exchange Theory of Public Economy«, *Quarterly Journal of Economics*, Vol. LIII.

[3] A. C. Pigou (1928), *A Study in Public Finance*, London: Macmillan.

Theorie des öffentlichen Sektors muß, darauf beharrte er, eine Lösung anbieten, die beide Seiten des Budgets verbindet.

Die normative Fassung dieses Verbundes lebt 1954 in Paul Samuelsons Modell der Ressourcenaufteilung mit öffentlichen Gütern wieder auf.[1] Doch blieb die Anwendung ein zäheres Problem. Da eine Unterbewertung der Präferenzen eine Lösung durch Laissez-faire-Wettbewerb ausschließt, benötigt man einen anderen Mechanismus (Wahlen). Die Antwort, falls eine möglich ist, sollte man in der Theorie der Wohlfahrtspolitik finden, wie sie Arrow initiiert und als Theorie der öffentlichen Wahl ausgearbeitet hat. Das öffnete ein neues Feld für die Analyse, mit Wicksell als einem der wesentlichen Ausgangspunkte.[2]

Vorläufer

In Wicksells Analyse des früheren Denkens wird die Idee seiner eigenen Lösung deutlich. Daher ist sie einer Betrachtung wert. Während er seine Rekonstruktion der Theorie der Inzidenz als leicht ableitbar aus den allgemeinen Prinzipien der ökonomischen Analyse betrachtete, erkannte er, daß eine integrierte Formulierung der Theorie des öffentlichen Sektors einen breiteren Rahmen erforderte. Er hatte Schwierigkeiten mit beiden traditionellen Prinzipien der Besteuerung, dem des empfangenen Nutzens und dem der Zahlungsfähigkeit – Prinzipien, welche seit Adam Smith in der finanztheoretischen Literatur Beachtung gefunden hatten. Das Nutzenprinzip, so meint Wicksell, führt zu Schwierigkeiten, wenn man die Kosten öffentlicher Dienste einzelnen Individuen zuzurechnen versucht und ihre eigene Bewertung danach bestimmt. Der Grundsatz der Zahlungsfähigkeit erlaubt es, umgekehrt, die Verteilung der Steuerlast zu bestimmen, aber er versagt, wenn es um die Höhe und Zusammensetzung des Budgets geht. Stattdessen sollte

[1] Siehe P. A. Samuelson, »The Pure Theory of Public Expenditures«, *Review of Economics and Statistics*, November 1954.

[2] Siehe D. C. Mueller (1979), *Public Choice*, Cambridge University Press, S. 3, wo Wicksells grundsätzlicher Beitrag behandelt wird.

man die Aufgaben dadurch lösen lassen, indem man auf eine vage definierte und »höhere« Theorie des Staates zurückgreift. Die Schwierigkeiten des Nutzenprinzips konnte man schwinden sehen, bevor das Versagen der Zahlungsfähigkeit, mit beiden Seiten des öffentlichen Budgets zurechtzukommen, deutlich wurde. Wicksell kritisiert daher heftig Mills Zufriedenheit damit, daß man nur eine gerechte Verteilung der Last betrachten müsse – mit öffentlichen Diensten, die man als etwas ansehen könne, das »alle angeht«. Der Nutzen, den öffentliche Güter stiften, muß – als eine Annahme in Wicksells Analyse – den einzelnen Konsumenten zugerechnet werden. Während man zu Anfang die Höhe öffentlicher Dienste so betrachten könnte, daß allen ein unendlicher Wert zukommt, ist dies sicherlich nicht für den Grenzwert nachfolgender Einheiten der Fall.

Wicksell begrüßte daher die breitere Perspektive, wie sie in den Schriften Schäffles[1] und A. Wagners[2] zu finden ist. Schäffles Grundsatz einer »proportionalen Befriedigung privater und öffentlicher Bedürfnisse« wird so betrachtet, als ob er dem richtigen Weg folge, doch sei er in seiner allgemeinen Formulierung nicht gerechtfertigt. Wörtlich genommen, so argumentiert Wicksell, würde es so scheinen, als wäre jede Aktivität des Staates gerechtfertigt, die ein Übertragen von Vorteilen vom Reichen zum Armen bewirkt. Ähnlich begrüßte Wicksell Wagners Ansicht, daß das staatliche Tun nicht über den Punkt hinausgehen sollte, bei dem der Gewinn für die Gemeinschaft geringer als der Nutzen ist – aber, nochmals, dies bleibt eine zu allgemeine Behauptung. Wagner wird ferner für seine Bereitschaft gelobt, die Nutzenregel auf die Finanzierung der Ausgaben anzuwenden, deren Vorteile einzelnen Gruppen zugute kommen. Aber er wird wiederum dafür getadelt, daß er verkennt, daß man das gleiche Prinzip weit allgemeiner anwenden kann.

Wicksell begrüßt dann den neuen und »ökonomischen« Ansatz, der mit Sax' und Mazzolas Schriften in den 1880er Jahren beginnt;

[1] A. Schäffle (1875), *Bau und Leben des sozialen Körpers.*

[2] A. Wagner (1883), *Finanzwissenschaft,* Teil I, Leipzig. Auszüge auch in Musgrave und Peacock, *op. cit.*

beide analysiert er im Detail. Und eben hier kommt er dazu, das Prinzip der ökonomischen Ressourcen-Nutzung, zuvor auf das Angebot privater Güter angewandt, auf den öffentlichen Sektor auszuweiten. Wie Sax es ausdrückte: Der einzelne Konsument bildet eine Hierarchie von Bedürfnissen, die solche für private und für öffentliche Güter einschließt, die jeweils nach ihren entsprechenden Intensitäten befriedigt werden sollen.[1] Diese Formulierung, so bemerkte Wicksell, versäumt es, zu erkennen, daß Bewertungen sich unter Konsumenten auf den verschiedenen Ebenen des Einkommens unterscheiden und daß der Grenznutzen öffentlicher Dienste sich mit der Höhe des staatlichen Angebots ändert. Besonders wichtig ist aber, daß Wicksell Sax dafür kritisiert, daß dieser es versäumt, den Mechanismus entsprechend anzuwenden, durch den der hierarchische Prozeß der Befriedigung von Präferenzen erfolgen soll.

Mazollas Werk wird demgegenüber gelobt, weil er das neue Prinzip präzise und direkt vorführt.[2] Nun werden öffentliche und private Güter klar als Mittel betrachtet, um die Wünsche der Individuen zu erfüllen. Die Unterteilung gründet nicht länger in einem internen Unterscheiden, wie Bedürfnisse empfunden werden, sondern sie bezieht sich auf die Art und Weise, wie diese befriedigt werden sollen. Während der Verbrauch privater Güter unter Konsumenten aufteilbar ist, ist er es bei öffentlichen Gütern nicht. Dennoch, so argumentiert Mazzola, muß das Angebot an staatlichen wie an privaten Gütern solcher Art sein, daß es deren Grenznutzen und Steuerpreis für jeden einzelnen ausgleicht. Dies Erfordernis der Effizienz und gerechten Besteuerung wird dann auf die politischen Regeln so übertragen, daß das öffentliche Angebot in Erfüllung dieser Bedingungen umgestaltet werden »sollte«. Wicksell ist nicht anderer Meinung, doch betrachtet er diese Regel als ein ziemlich bedeutungsloses Erfordernis, zumindest sollte ein Mechanismus für ihre Anwendung hinzugefügt werden. Daher zögert er nicht, eine strengere Formulierung der zugrunde liegenden Bedingungen anzubie-

[1] E. Sax (1883) *Grundlegung der theoretischen Staatswirtschaft*, Wien. Ferner Musgrave und Peacock, *op. cit.*

[2] U. Mazzola (1890), *I dati scientifici della finanza publica*, Rom. Auszüge in Musgrave und Peacock, *op. cit.*

ten, wie sie später Samuelson in seinem Prinzip der Gleichheit zwischen Grenzkosten und der Summe der Grenznutzen der einzelnen Verbraucher vorgelegt hat. Stattdessen wendet er sich direkt der Aufgabe der Anwendung zu, indem er mit seiner zentralen Annahme beginnt, das Individuum werde nicht freiwillig einen Preis anbieten, der mit seiner marginalen Bewertung des öffentlichen Gutes übereinstimmt. Da sein Beitrag nur ein kleiner Teil der Gesamtheit ist, wird die Höhe des Angebotes durch das individuelle Anbieten des Konsumenten berührt. So wird das Frei-Fahrer-Problem, wie es später genannt werden sollte, in seiner ursprünglichen und modernen Form formuliert. Zwar hat Hume das gleiche Phänomen eineinhalb Jahrhunderte früher erklärt, doch können wir sicherlich davon ausgehen, daß Wicksell nichts davon wußte.[1] Da Theorie ohne Anwendung Wicksell nicht interessierte, rückte die Beschäftigung mit dem und die Lösung des Frei-Fahrer-Problems in das Zentrum seines Interesses.

Wicksells Modell

Wicksell verwendet sein Modell dazu, um die Frage der »gerechten« Besteuerung und des wirtschaftlichen Angebots öffentlicher Güter zu beantworten – wobei er von einem gegebenen und gerechten Zustand der Verteilung ausgeht. Doch obwohl diese Annahme ein integrierter Teil seines Modells ist, mißt er ihr keine zentrale Bedeutung bei. Hauptsächlich befaßt er sich mit einem korrekten Budget-Entwurf, wobei er annimmt, es würde die Prämisse der gerechten Verteilung erfüllen.

Wicksell bemerkt rückschauend, daß die Theorie der öffentlichen Finanzen, wie sie sich aus Adam Smiths Lehre entwickelt hat, in den Zusammenhang eines absoluten politischen Systems gestellt war, in welchem der Monarch entscheidet, welche Dienste geleistet und wie sie bezahlt werden sollten. Es war des Herrschers Entscheidung, ob er dabei das öffentliche oder nur sein eigenes Inter-

[1] David Hume (1740), *Treatise on Human Nature*, III.ii, 7.

esse bedenken sollte. Dieses Muster ändert sich mit dem Aufkommen einer repräsentativen Form der Regierung. Der Repräsentant wiederum kann die Interessen des Gemeinwesens insgesamt beachten, indes nicht mehr als die einzelnen Wähler es tun, von denen seine Wahl abhängt. Unter Abgeordneten, die vorwiegend die Interessen ihrer eigenen Gruppe fördern, werden demzufolge die Mehrheitsentscheidungen wahrscheinlich der Majorität nutzen, während die Minorität belastet wird. Eine Umgruppierung unter Parteien mit Majorität kann dieses Ergebnis ausbalancieren, aber nicht ohne einen Verlust, der das Gemeinwesen als ein Ganzes trifft. Solange die Wahl von der herrschenden Klasse bestimmt bleibt, wird das Finanzsystem zugunsten dieser Gruppe benutzt werden. Wenn Stimmrechte und Beteiligung an den Wahlen zunehmen, kann man erwarten, daß dieses Muster sich von der besitzenden zur arbeitenden Klasse hin ändert, wobei eine umgekehrte Form der Vorteilnahme eintritt.

Demokratische Gesetze, die auf die Zunahme an Freiheit und Wohlstand für alle ausgerichtet sind, sollten in der Lage sein, eine bessere Lösung der Finanzprobleme zu liefern. Aus diesem Grunde, so warnt Wicksell, ist es nicht zu erlauben, mit einer gegebenen Verteilung der Steuerlast zu beginnen, um dann erst die Höhe der öffentlichen Dienste zu bestimmen, die angeboten werden sollen. Die Kosten einer gegebenen Ausgabe lassen sich über viele Wege decken. Vorausgesetzt, man kann den allgemeinen Nutzen des Programmes so gestalten, daß es seine Kosten übertrifft, wird es

> »... folglich hier theoretisch, und annäherungsweise auch praktisch, immer möglich sein, eine solche Verteilung der Kosten zu vereinbaren, daß die betreffende Ausgabe, sobald sie überhaupt einen die Kosten übersteigenden Nutzen verspricht, allen Parteien als eine unzweifelhaft gewinnbringende erscheinen muß und insofern sogar *einstimmig* bewilligt werden könnte.«[1]

Läßt sich dieser Plan nicht einstimmig verwirklichen, ist es evident, daß es keinen Nettogewinn geben wird, und das Projekt sollte

[1] Finanztheoretische Untersuchungen, S. 113.

aufgegeben werden. Er fügt noch die Beobachtung hinzu, daß es bedeutungslos ist, ob einer mehr gewinnt als der andere, wenn alle gewinnen werden. Und Wicksell schließt:

> »Die Einstimmigkeit und volle Freiwilligkeit der Beschlüsse ist zuletzt die einzige sichere und handgreifliche Garantie gegen Ungerechtigkeiten der Steuerverteilung; ...«.[1]

Wenden wir uns der praktischen Anwendung dieser Regel zu! Wicksell fügt folgende Überlegungen an:

(1) Die Wahl der Ausgaben und die der Steuer muß gleichzeitig getroffen und entschieden werden. Nur dann kann man für den notwendigen Verbund von Nutzen und Kosten sorgen.

(2) Wird eine neue Ausgabe vorgesehen, sollte die Regierung ihren Vorschlag mit einem genauen Plan der Deckung durch Steuern verknüpfen. Andere Parteien können dann Ergänzungen anbieten, einschließlich unterschiedlicher Ausgabenhöhen und Plänen zur Finanzierung. Über diese Vorschläge wird dann in der Folge abgestimmt. Am Ende wird durch einstimmige Wahl angenommen oder, falls ein solches Ergebnis nicht zu erzielen ist, wird der Vorschlag fallengelassen, da er die Zustimmung verfehlt.

(3) Entsprechend dieser recht heroischen Formulierung fährt Wicksell etwas widersprüchlich fort, das Erfordernis der Einstimmigkeit zu modifizieren und sie durch eine nur noch annähernde Einstimmigkeit zu ersetzen. Da völlige Übereinstimmung nicht erreichbar ist, muß eine annähernde ausreichen, denn

> »... auf absolute Einstimmigkeit wird wohl schon aus praktischen Gründen verzichtet werden müssen ...«.[2]

Diese Modifikation verwischt die schlichte Bedeutung seines zentralen theoretischen Kriteriums, doch nimmt sie nicht allzuviel von seiner praktischen Schärfe, wenn wir »annähernd« so definieren, daß es noch eine Majorität von 75 bis 90 Prozent erfordert.

Nachdem Wicksell diese allgemeinen Regeln festgelegt hat, führt er bestimmte Bedingungen an, unter denen sie nicht anwendbar sind. Eine davon ist die Finanzierung früherer Ausgabenverpflich-

[1] Ebda., S. 114.
[2] Ebda., S. 116.

tungen, wie etwa das Bedienen der öffentlichen Schuld. Hier muß an den Sinn des Wählers für Gerechtigkeit appelliert werden, zu bestimmen, wie die Last verteilt werden sollte – eine Aufgabe, für die die Regel der absoluten Mehrheit als gerechtfertigt erscheint. Auch muß ein anderes Muster an Grundsätzen in solchen Fällen Anwendung finden, wo öffentliche Dienste (wie Transporteinrichtungen) eine teilbare Nutzung zulassen und ein System differenzierter Abgaben gerechtfertigt ist.

Nachdem Wicksell seine Grundsätze der gerechten Besteuerung entwickelt hat, wendet er sich der Verteilung als einer besonderen Aufgabe zu.

Er stellt ausdrücklich fest, daß sein Prinzip eine gerechte Ausgangslage der Verteilung voraussetzt:

> »... Gerechtigkeit der Besteuerung hat offenbar Gerechtigkeit der bestehenden Vermögens- und Einkommensverteilung selbst zur stillschweigenden Voraussetzung; dies gilt, aus welchem Standpunkte immer die Frage beurteilt wird. Von Gleichheit zwischen Leistung und Gegenleistung kann sonst unmöglich gesprochen werden, und ebensowenig von Gleichheit der gebrachten Opfer; denn es ist ja überhaupt keine »Leistung« an den Staat und auch nicht ein »Opfer«, welches als solches anerkannt werden könnte, wenn jemand zurückzugeben gezwungen wird, was er mit Unrecht besitzt, ...«.[1]

Ein gerechter Zustand der Verteilung wird somit gefordert, wenn man Wicksells Steuer-Preis-Lösung – i. e., die Qualität von marginalen Nutzen und Kosten – nicht nur als wirtschaftliche sondern auch als gerechte Lösung betrachten soll. Wicksell erkennt weiterhin, daß die Besteuerung, die dazu bestimmt ist, den Zustand der Verteilung zu ändern, unabhängig sein würde von den erforderlichen Einnahmen, um die Kosten der öffentlichen Dienste zu dekken. Doch er verfehlt das Entscheidende, indem er Transfers nicht als negative Steuern behandelt und so das übersieht, was zur überaus wichtigen Ursache für das Wachstum des öffentlichen Sektors im folgenden Jahrhundert geworden ist.

[1] Ebda., S. 143.

Indem Wicksell zugesteht, daß man die Regel der Einstimmigkeit nicht auf die fiskalische Umverteilung anwenden kann, distanziert er sich selbst von Adolph Wagners (des Kathedersozialisten) reformistischer Sicht des Problems. Wagners Ansicht, Ungleichheit sei ein Ergebnis des Wettbewerbsprozesses, wird von ihm abgelehnt. Wicksell weist stattdessen auf die Unvollkommenheiten im Marktablauf und auf die Rolle des Wohlstandes hin – mit entsprechenden Ungleichheiten in der Ausbildung, als einer der Hauptursachen für ungleiche Einkommen. Dennoch teilt er Wagners Ruf nach hohen Vermögensabgaben nicht. Mit mehr Sympathie betrachtet er die Erbschaftsteuern, und er fordert Abgaben auf Zufallsgewinne aus Kapitalwerten, sei es bei Grund und Boden, sei es bei reproduzierbarem Vermögen. Gleichzeitig warnt er davor, es Klasseninteressen zu erlauben, die Reichen übermäßig zu besteuern. So rät Wicksell zu einer ausgesprochen gemäßigten Haltung. Dies mag vielleicht überraschen, berücksichtigt man seine liberale Einstellung zu anderen Dingen. Es sei nicht die eigentliche Aufgabe des Finanzsystems, so schließt er, den Egoismus gesellschaftlicher Gruppen zu überwinden; eher sollte man dem Egoismus erlauben, seine eigentliche Rolle als Beschützer ihres Selbstinteresses zu spielen.[1]

Nachdenkliches zum Abschluß

Ungeachtet der Kraft und der allgemeinen Vernunft des Wicksellschen Modells, sollte man einige Schwächen nicht übersehen, insbesondere deshalb nicht, weil unsere Analyse gut einhundert Jahre später entstanden ist.

1. Wie wir gesehen haben, erkannte Wicksell, daß man einen Vor-Zustand gerechter Verteilung für sein Modell annehmen muß, um zu einem Muster gerechter Besteuerung zu gelangen. Dadurch kommt er auf die Trennung in (a) eine gerechte Steuer als fairen Preis, der im Tausch mit öffentlichen Gütern zu entrichten ist und

[1] Ebda., S. 159.

(b) in eine gerechte Steuer als dem Mittel, um einen gerechten Zustand der Verteilung zu erreichen. Das widerspricht Samuelsons Modell eines allgemeinen Gleichgewichtes, wo die Verteilung des Wohlstandes (mit dem Nutzen, den man aus dem Angebot an privaten und öffentlichen Gütern zieht) gleichzeitig mit der Aufteilung der Ressourcen zu deren Angebot bestimmen muß. Um es anders auszudrücken, den optimalen Zustand der Verteilung muß man eher in realen als in nominalen Einkommensgrößen ausdrücken. Er hängt somit von relativen Preisen und dadurch von der Aufteilung der Hilfsquellen auf private und öffentliche Güter ab. Die nachfolgende Bestimmung der Einkommensverteilung und dann der Steueranteile ist daher nicht valide. Diese Argumentation ist stichhaltig, wenn man einen allwissenden Schiedsrichter annimmt, dem die Präferenzen bekannt sind.[1] Aber einen solchen gibt es nicht. Präferenzen für öffentliche Güter muß man über einen Wahlprozeß bestimmen, und hierfür benötigt man unbedingt eine Vor-Verteilung der Einkommen. Die Annahme eines allwissenden Schiedsrichters liefert uns kein wirklich nützliches Modell, wie Wicksell in seiner Antwort auf Mazzola feststellt. Wie ich bereits in Übereinstimmung mit Wicksell vorgeschlagen habe, ist das beste, was man tun kann, die nützlichste Wahlregel festzulegen, um dann diese Regel als eine weitere Voraussetzung in das System zu integrieren.

2. Wie in der Überschrift des dritten Abschnittes seines Werkes, so bezieht sich Wicksell in dieser ganzen Diskussion auf sein Ziel gerechter Besteuerung. Dieses Ziel fällt mit der ökonomischen Lösung des *quid pro quo* zusammen. Man sollte es daher nicht so interpretieren, als ob er seine Effizienz-Komponente übersähe. Wicksells Anliegen einer »gerechten« Lösung weist dennoch auf seine Sicht hin, Gerechtigkeit als ein Ziel von zentraler Bedeutung zu betrachten. Ist das der Fall, dann überrascht es offensichtlich, daß er der Erfüllung der zugrunde liegenden Annahme so wenig Aufmerksamkeit geschenkt haben sollte.

[1] R. A. Musgrave (1957), »A Multiple Theory of Budget Determination«, *Finanzarchiv*, N/F. 3, abgedruckt in R. A. Musgrave (1958), *Public Finance in a Democratic Society*, Vol. I, London: Wheatsheaf.

3. Wie bereits erwähnt, erklärte er – und recht überraschend –, daß dies nicht die Aufgabe des Finanzsystems sein solle. Daher übergeht er die Rolle der Transfers und deren Finanzierung und somit, wie gesagt, die wirkliche Aufgabe, die eine solch große Rolle für das Wachstum des Budgets in diesem Jahrhundert spielte. Hätte er diese Rolle als Teil des Systems in der realen Welt gutgeheißen, würde er – so möchte ich denken – meiner Forderung nach einem Mehr-Zweck-System beipflichten, wie ich es vor dreißig Jahren entwickelt habe, und die Allokations- von der Verteilungsaufgabe trennen.[1]

4. Nehmen wir nun an, es herrsche ein gerechter Zustand der Verteilung und Wicksells Steuerpreis biete eine gerechte wie eine effiziente Lösung an. In diesem Falle schlägt Wicksell in seinem Modell vor, daß die Verteilung der Steuerlast von den einzelnen Ausgaben, die daraus finanziert werden, abweiche. Das Steuersystem würde dann ein Bündel von Millionen unverbundener Nutzenhöhen sein. Wicksell erkennt diese Konsequenz zwar nicht, doch in seiner realistischen Grundhaltung hätte er eine solche Lösung als unpraktisch betrachtet. Ein erster Schritt könnte dann sein, eine allgemeine Steuer zu benutzen und ihr Aufkommen zu erhöhen, wann immer über ein neues Ausgabenprojekt abgestimmt wird, i. e., eine marginale Finanzierungsregel.

Dies würde indes die weitere Frage offen lassen, wie die Bemessungsgrundlage einer solchen Steuer zu definieren sei. Das Konzept einer allgemeinen Einkommensteuer (Zuwachs) oder einer Ausgabensteuer (Gesamtkonsum) kann ganz sinnvoll sein im Rahmen der Zahlungsfähigkeit, doch mag es als Ausdruck eines allgemeinen Maßstabs für empfangenen Nutzen weniger angebracht sein. Auch stellte sich ferner die Frage, wie progressiv eine solche Steuer sein sollte – mit der Antwort, die sich aus Überlegungen über die Einkommenselastizität ergibt, über die Nachfrage und weniger über eine gesellschaftliche Wohlfahrtsfunktion. Nochmals: Es wäre inter-

[1] R. A. Musgrave (1969), »Provision for Social Goods«, in M. Margolis und H. Guitton (eds.), *Public Economics*, London: Macmillan.

essant gewesen, Wicksells Antwort auf diese Frage zu kennen. Doch gibt er darauf keinen Hinweis in seiner Übersicht über das schwedische System.

5. Auch scheint eine gewisse Lücke zwischen Wicksells Suche nach der Inzidenz und seiner Diskussion über gerechte Besteuerung zu bestehen. Wenn die Besteuerung auf einer freiwilligen und einstimmigen Grundlage durchgeführt werden soll, wie ist dies mit dem Auftreten der Steuerüberwälzung zu vereinbaren, die die Last vom ursprünglichen Zahler verschiebt? Und wie sollen die Kosten der Zusatzlast für eine solches System erlaubt werden? Sollte die Lösung sein: (a) eine Steuerformel zu suchen, die den Zusatzverlust minimiert, wobei die Nutzenziele annähernd erreicht werden, aber dann (b) den restlichen Zusatzverlust nicht zu beachten, indem man die Steuervermeidung als Nichterfüllung dieses Zieles gerechter Besteuerung ansieht?

6. Endlich sollte man noch anmerken, daß der Wahlmechanismus, wie ihn Wicksell beschreibt – mit seiner Abfolge in der Abstimmung über alternative Ergänzungen – die auftretenden Schwierigkeiten äußerst vereinfacht. Es wird keine Ausnahme für das Wahlparadoxon zugelassen, welches die Ergebnisse wirklich von der Abfolge der Wahl abhängig machen kann. Und obwohl Wicksell eine proportionale Vertretung fordert, bleibt doch die Frage offen, ob man nicht bessere Ergebnisse erzielen könnte durch die Mehrheit der Punktwahl – ganz zu schweigen von den Auswirkungen des strategischen Wahlverhaltens innerhalb von Parteien.

Andere Überlegungen ließen sich noch anfügen, doch sind diese Schwächen von geringerer Bedeutung. Was zählt, ist Wicksells erster und bahnbrechender Schritt in Richtung einer Integration der finanztheoretischen Analyse in den allgemeinen Rahmen der ökonomischen Wissenschaft und – da er deren Anwendung betont – in den der Politischen Ökonomie.

Über Wicksells Vita und Person*

BO SANDELIN**

»In jenem abgelegenen Flügel des Universitätsgebäudes, über dem die Inschrift ›Palaestra et Odeon‹ prangt, konnte man – wie gewöhnlich – ältere Damen aus Universitätskreisen in den ersten Reihen des Hörsaales sitzen sehen, als das Universitätsorchester am 1. November 1901 zur Soirée geladen hatte. Während einer Pause erhielt der Dirigent, Fader Berg, eine Nachricht. Wir, die jungen Amateur-Musiker, nahmen dazu ganz unterschiedlich Stellung, je nach wechselndem Gesichtsausdruck, die einen erheitert, andere eher beunruhigt. ›Was ist passiert‹, wollte man im Publikum wissen. Anstatt den nächsten Programmpunkt anzukündigen, schrieb ›Fader‹ ein paar Worte auf ein Stückchen Papier, befestigte es auf einem Notenständer und wandte sich den Versammelten zu, so daß alle seine Nachricht lesen konnten: Wicksell Professor! Die Reaktionen waren wie erwartet. Oh, wie furchtbar! Damit mußte man alle Hoffnung fahren lassen, diesen berüchtigten Kerl, der die freie Stelle seit Januar 1900 besetzt hatte, jemals wieder loszuwerden.«

Diese Schilderung stammt aus der Feder von Wicksells Schüler und späterem Nachfolger Emil Sommarin. Mit wenigen Worten illustriert sie die Gefühle, die ein großer Teil der Öffentlichkeit Wicksell entgegengebracht hat – und zwar seit er erwachsen war. Er war nicht nur ein kluger Ökonom, sondern auch ein provokant auftretender Journalist und gesellschaftlicher Reformer.

* Heike Gerhards, Sabine Kalb und Udo Raab haben den Text des Manuskriptes ins Deutsche übertragen.

** Bo Sandelins biographische Skizze rundet Wicksells facettenreiches Portrait ab, indem er auch auf L. Jonungs gründliches Werk »Knut Wicksells Unpublished Papers« (1987) zurückgreift. Sie wurde nachträglich in den Umbruch eingefügt.

Knut Wicksell wurde am 20. Dezember 1851 in Stockholm geboren. Er hatte einen Bruder und drei Schwestern, allesamt älter als er. Sein Vater stammte von einem kleinen Bauernhof nördlich von Stockholm. Nachdem er in der Stadt einige Jahre als Kaufmannsgehilfe gearbeitet hatte, eröffnete er ein eigenes Ladengeschäft. Knut schien in seiner frühen Kindheit offenbar glückliche Jahre in einem recht wohlhabenden Haus genossen zu haben, doch es währte nur kurze Zeit, bis Tage der Trauer Einzug hielten. Er war noch keine sieben Jahre alt, als seine Mutter starb, und acht Jahre darauf verschied auch der Vater.

Aus Wicksells Zeugnissen am Gymnasium läßt sich bereits eine Begabung für Mathematik ablesen – hier hatte er stets die besten Zensuren –, aber auch für Wissenschaft und Philosophie. Bereits als Schüler veröffentlichte er einige mathematische Theoreme und Lösungsansätze in der *Tidskrift för matematik och fysik*. Diese Zeitschrift, herausgegeben von Wicksells Mathematiklehrer, wandte sich an Schüler und Studenten.

Im Jahre 1869 schrieb er sich an der Universität von Uppsala ein, »um Doktor der Philosophie, Dozent und, wenn möglich, auch Professor der Mathematik zu werden.« Die ersten Jahre war er ein vorbildlicher Student; 1872 schloß er sein breit angelegtes Studium mit dem Bachelor-Grad ab – er wählte die Fächer Theoretische Philosophie, Geschichte, Latein, Skandinavische Sprachen, Mathematik und Astronomie. Danach strebte er die *venia legendi* in Mathematik und Physik an.

Im Frühjahr des Jahres 1874 geschah etwas, was seinen ausgeglichenen Charakter in Unordnung brachte. Bis dahin war er tief religiös gewesen, doch nun befielen ihn Zweifel. Nach einer revolutionären Krise war er für den Rest seines Lebens zum Atheisten geworden. Als solcher forderte er religiösen Glauben und religiöse Tat ständig aufs neue heraus.

Wicksell verlor seinen Glauben, weil er die christliche Lehre nicht mit der Naturwissenschaft in Einklang bringen konnte. Bereits während der Vorbereitung zur Konfirmation verfiel er in Agonie; seine Pubertät hatte eingesetzt. Er erfuhr, daß die Gefühle und die Begierden, die ihn überkamen, Sünde waren. Schuldgefühle quälten ihn mehrere Jahre lang und er versuchte, alles zu vermeiden, was sein sündiges Verlangen wecken konnte.

Mitte der 70er Jahre geriet Wicksell in finanzielle Schwierigkeiten. Gleichzeitig begann er daran zu zweifeln, ob er eine Universitätslaufbahn würde einschlagen können. Den Rest des Jahrzehntes verbrachte er mit Lesen und als Hauslehrer; er schrieb Gedichte und Dramen. Auch war er in einer Studentenverbindung aktiv.

Wicksell wurde einer breiten Öffentlichkeit bekannt, nachdem er im Februar 1880 zwei Vorträge in Uppsala zu dem Thema »Die gebräuchlichsten Gründe für Trunksucht und wie man sie beseitigen kann« gehalten hatte. Beide wurden später als Broschüre unter verändertem Titel veröffentlicht. Neo-malthusianische Ideen hatten Wicksell beeinflußt. Er kam zu dem Schluß, daß »wir arm sind, weil es zu viele von uns gibt«. Als ein Gegenmittel schlug er eine bewußte Geburtenkontrolle vor. Wenn es irgendwelche empfängnisverhütenden Mittel gäbe, dann sei es die Pflicht der Ärzte, sie der leidenden Menschheit zur Verfügung zu stellen.

Den Diskussionen folgten kritische Reaktionen in Zeitungen, Pamphleten und anderen Medien, Wicksells Vorschlag galt als unmoralisch. Der Kleine Senat der Universität rügte ihn mit Zensur und Verwarnung.

Die Angelegenheit kann vielleicht mehr oder weniger entscheidend für die Richtung von Wicksells künftiger Arbeit gewesen sein. Einer seiner Kritiker war der Ökonom David Davidson. Er kritisierte Malthus in einer Schrift und gab zu verstehen, daß Wicksell mit der Literatur über das Bevölkerungsproblem nicht genügend vertraut war. Möglicherweise war dies einer der Gründe für Wicksells stufenweise Hinwendung zu den Sozialwissenschaften, vor allem zur Ökonomie.

Während der achtziger Jahre verbrachte Wicksell viel Zeit damit, radikale Vorlesungen zu halten und Artikel für die Presse zu schreiben. Das entsprechende Einkommen linderte seine fast permanenten finanziellen Schwierigkeiten.

1885 erlangte er schließlich den staatlichen Abschluß in den Naturwissenschaften. Danach verbrachte er beinahe ein Jahr in London. Tagsüber befaßte er sich im Britischen Museum mit Ökonomie. So war er fast 34 Jahre alt, als er ernsthaft begann, Ökonomie zu studieren. Er las Malthus, Ricardo, Smith, Mill, Jevons, Walras, Cournot, Gossen, Sidgwick und andere. Die Abende widmete er politischen Diskussionen und Reden, darunter in der »Fabian Society«.

Später wurde er dafür bekannt, daß er als einer der ersten die Mathematik in der Ökonomie anwandte. Diese Idee beschäftigte ihn schon, als er in London Mill las. In einer Notiz von damals kritisierte er eine Aussage in Mills Theorie des Lohnfonds. Er behauptet, daß »nur eine mathematische Fundierung der Ökonomie sie vor solchen Dummheiten bewahrt«.

Im Herbst 1887 unternahm Wicksell eine zweite Reise ins Ausland. Sie wurde von einer Stiftung finanziert, die den Namen des Stifters Viktor Lorén trug. Zuerst ging er nach London, doch bald danach wandte er sich nach Wien. Als er erfuhr, daß Brentano zu dieser Zeit in Straßburg weilte, änderte er aber seine Pläne und schrieb sich an der dortigen Universität ein. In Straßburg besuchte er die Kollegs von Knapp und Brentano. Deren Vorlesungen hatten hauptsächlich historischen Charakter. Sie scheinen Wicksell nicht stark beeindruckt zu haben: »Beide, Brentano und Knapp, gehörten offenbar der neuen Deutschen Historischen Schule an und sie verachten alles, was nicht auf spezieller Untersuchung der Lage der Schuhmanufaktur im Sachsen des 16. Jahrhundert oder ähnlicher Dinge beruht. Die Verallgemeinerungen und ökonomischen Gesetze der Engländer sind für sie dummes Zeug und Unsinn...«. Dennoch fand Wicksell einige theoretische Ansätze in Brentanos Kollegs über Geld und Kredit recht interessant.

Im Frühjahr 1888 verließ Wicksell Straßburg, um nach Wien zu gehen. Dort besuchte er Mengers und Singers Vorlesungen. Er las Böhm-Bawerks *Geschichte und Kritik der Kapitalzins-Theorien.* Den Herbst 1888 und das Frühjahr 1889 verbrachte er in Berlin, wo er Adolph Wagners Kollegs hörte, doch fühlte er sich dort nicht wohl.

Das Wichtigste an seinem Berliner Aufenthalt ist wahrscheinlich, daß er mit Böhm-Bawerks neuem Buch über die Kapitaltheorie vertraut wurde. Sie wurde einer der Ecksteine, auf die er seine eigene

Kapitaltheorie aufbaute. In einem Nachruf 25 Jahre später meinte Wicksell:

> »Ich erinnere mich, als ob es gestern geschah, an den Tag vor 25 Jahren, als ich im Schaufenster einer Buchhandlung in Berlin... zum ersten Mal den Titel *Positive Theorie des Kapitals* von Eugen v. Böhm-Bawerk las... Ich erwarb ein Exemplar und versank bald in diesem Buch. Ich verstand vieles nur bruchstückhaft, was aus meinen Notizen zu ersehen ist, die ich am Rande vermerkte... Nichtsdestoweniger empfand ich dieses Buch als eine Offenbarung.«

Auf einer seiner Reisen lernte er Anna Bugge, eine junge Norwegerin, kennen. Sie wurde seine Lebensgefährtin – wohl bekannt als Frauenrechtlerin und Anhängerin der Friedensbewegung. Im Juli 1889 gaben sie in Schwedischen Zeitungen bekannt, daß sie »zusammengehörten«. Das Wort »zusammengehörig« (*förenade* auf Schwedisch) war wichtig und durfte von der Zeitung nicht ersetzt werden:

> »Unsere Heirat wird nicht durch eine kirchliche oder standesamtliche Trauung besiegelt, sondern gründet vollständig auf einer privaten Übereinkunft zwischen uns.«

Nach seinem Auslandsaufenthalt gab es offenbar keinen Zweifel darüber, daß Wicksell eine Karriere als Hochschullehrer für Ökonomie anstrebte. Als er im März 1889 nach Schweden zurückkehrte, brachte er vier Manuskripte mit. Sie bildeten die Grundlage für die Einführung seines ersten Buches über Wirtschaftstheorie *Über Wert, Kapital und Rente nach den neueren nationalökonomischen Theorien* (1893). Der Beitrag »Kapitalzins und Arbeitslohn« diente ebenfalls als Vorbereitung.

In *Über Wert, Kapital und Rente* beschäftigte er sich mit der Preis- und Kapitaltheorie. Eines Tages beschloß er, dieses Buch als Doktorarbeit einzureichen, aber bald schon verwarf er diese Idee, da es für ihn schwierig war, die vorgeschriebene Anzahl von Exemplaren zu liefern. Die Originalausgabe umfaßte nur 500 Exemplare, und eine neue Auflage konnte er sich nicht leisten. Stattdessen arbeitete er in der Finanzwissenschaft weiter. Am 29. Mai 1895 verteidigte er in Uppsala öffentlich seine Doktorarbeit *Zur Lehre von der*

Steuerinzidenz. Sie umfaßte nur 75 Seiten, so daß die 360 Freiexemplare, die er der Universität zur Verfügung stellen mußte, keine untragbare finanzielle Belastung waren. Die Schrift bildete den ersten Teil seines größeren Werkes *Finanztheoretische Untersuchungen nebst Darstellung und Kritik des Steuerwesens Schwedens* (1896).

In den produktiven neunziger Jahren veröffentlichte er seine Bücher, mit Ausnahme von *Föreläsningar*. Zwei Jahre nach den *Finanztheoretischen Untersuchungen* erschien sein makroökonomisches Werk *Geldzins und Güterpreise* (1898). Weitere drei Jahre später veröffentlichte er den ersten Band von *Föreläsningar i nationalekonomi* (1901), dessen Analyse der Preisbildung und des umlaufenden Kapitals auf Forscher unserer Tage übergegangen ist. (Das bekannte Problem der Lagerung von Wein ist noch nicht in der ersten Auflage enthalten, wohl aber in der zweiten von 1911). Der zweite Band mußte bis 1906 warten. Er behandelt die Makroökonomik. Eine deutsche Ausgabe erschien als *Vorlesungen über Nationalökonomie auf Grundlage des Marginalprinzipes* (1913–22).

Föreläsningar i nationalekonomi war als ein umfassendes Werk geplant. Im Vorwort und in der Einleitung der ersten Auflage hält sich Wicksell an Walras' Dreiteilung der Wirtschaftswissenschaft: Theorie, Angewandte Ökonomie und Sozialökonomik, wobei letztere eine Analyse der Frage einschloß, »wie die behandelten theoretischen Gesetze und praktischen Ergebnisse angewandt werden sollten, damit sie soviel gesellschaftlichen Nutzen wie möglich stiften«. *Föreläsningar i nationalekonomi* umfaßte indes niemals mehr als die beiden Bände über die ökonomische Theorie, obwohl Wicksell beabsichtigte, die Bände über Angewandte und Sozialökonomik zu publizieren, »sobald die entsprechenden Vorlesungen gehalten worden sind und ich genug Zeit und Gelegenheit habe, sie für den Druck vorzubereiten«. Mit diesen drei ersten Büchern als Rückhalt war Wicksell gut qualifiziert, als er sich im Mai 1900 um eine Professur an der Universität Lund bewarb. Sein ernsthaftester Widersacher und Konkurrent war Gustav Cassel, doch hatte Cassel, der Doktor der Mathematik war, zu dieser Zeit nur wenige Artikel über Ökonomie und ein Büchlein *Das Recht auf den vollen Arbeitsertrag* veröffentlicht. Wicksell hatte sich jedoch eine Menge Feinde in den zwei Jahrzehnten gemacht, durch sein provozierendes Verhalten gegen die Kirche, gegen das Militär, für Geburtenkontrolle und noch mehr. Sie alle versuchten jetzt, seine Ernennung zu verhindern. Der Pro-Kanzler Bischof Billing wandte sich gegen die Berufung; Wicksell war zu weit gegangen in der Verbreitung seiner zweifelhaften Ideen. Dennoch ernannte ihn die Regierung am 1. November 1901 zum Professor der Ökonomie und des Finanzrechts.

Als Professor hat Wicksell in den Jahren 1901 bis 1916 kein neues Buch veröffentlicht, außer dem zweiten Band von *Föreläsningar i nationalekonomi* (1906) und einer zweiten Auflage des ersten und zweiten Bandes (1911–1915). Doch schrieb er eine Menge Artikel und Beiträge zu anderen Themen, trotz des Umstandes, daß es viel Zeit erforderte, um seine Kollegs vorzubereiten und zu halten.

Die erste Nummer der *Ekonomisk Tidskrift* erschien 1899, von David Davidson herausgegeben. Zu dieser Zeitschrift trug Wicksell mehr als zwei Jahrzehnte bei, gewöhnlich mit mehreren Artikeln in einem Jahr. Ferner schrieb er auch weiterhin seine Artikel für Zeitungen; auch hielt er öffentliche Vorträge. Selbst als er 1909 zwei Monate wegen Blasphemie im Gefängnis zubrachte, konnte er an seinen Projekten weiterarbeiten.

Als Wicksell 1916 in den Ruhestand trat und nach Stockholm zog, in die Stadt seiner Kindheit, hörte er nicht auf mit dem Schreiben. Im Gegenteil, als er von den Pflichten eines Universitätsprofessors entbunden war, flossen die Beiträge aus seiner Feder besonders stark. Eine andere Art des Schreibens bestand in Berichten als Experte in Ausschüssen der Regierung. In dieser Stellung trug er zu drei Berichten 1918–23 bei.

Wicksells Liste an Publikationen umfaßt mehr als 800 Titel über Ökonomie, Bevölkerung, Verteidigung, Frauenrecht, Religion, Recht, Außenpolitik, Soziales und anderes. Außerdem hinterließ er rund 100 unveröffentlichte Manuskripte, die später veröffentlicht wurden. Johan Gustav Knut Wicksell starb am 3. Mai 1926.

Fehrman, Carl. *Lärdomens Lund.* Liber, Malmö 1985.

Gårdlund, Torsten. *Knut Wicksell. Rebell i det nya riket.* Bonniers, Stockholm 1956.

Knudtzon, Erik J. *Knut Wicksells tryckta skrifter 1868–1950*, hrsg. von Torun Hedlund-Nyström. CWK Gleerup, Lund 1976.

Sommarin, Emil. *Studenter och arbetare. Ninnen av skagnsk arbetarrörelse och lundensisk radikalism.* CWK Gleerup, Lund 1947.

Uhr, Carl G. *Economic Doctrines of Knut Wicksell.* University of California Press, Berkeley und Los Angeles 1962.

Uhr, Carl G. »Wicksell, Johann Gustav Knut«, in *The New Palgrave, A Dictionary of Economics.* Macmillan 1987.

Weibull, Jörgen. *Lunds universitets historia IV. 1868–1968.* CWK Gleerup, Lund 1968.

Wicksell Nordqvist, Liv. *Anna Bugge Wicksell. En kvinna före sin tid.* Liber, Malmö 1985.

Wicksell, Knut. »Kapitalzins und Arbeitslohn«, *Jahrbücher für Nationalökonomie und Statistik*, 1892, S. 852–874.

Wicksell, Knut. *Über Wert, Kapital und Rente nach den neueren nationalökonomischen Theorien.* Gustav Fischer, Jena 1893.

Wicksell, Knut. *Finanztheoretische Untersuchungen nebst Darstellung und Kritik des Steuerwesens Schwedens.* Gustav Fischer, Jena 1896.

Wicksell, Knut. *Geldzins und Güterpreise. Eine Studie über die den Tauschwert des Geldes bestimmenden Ursachen.* Gustav Fischer, Jena 1898.

Wicksell, Knut. *Föreläsningar i nationalekonomi.* Lund 1901–1906. (Zweite Ausgabe 1911–1915, dritte Ausgabe 1928–1929). Deutsche Ausgabe: *Vorlesungen über Nationalökonomie auf Grundlage des Marginalprinzipes.* Jena 1913–1922.

Wicksell, Knut. »Lexis och Böhm-Bawerk«, *Ekonomisk Tidskrift*, 1914, S. 294–300, 322–334.

Johan Gustav Knut Wicksell,
1851–1926

Daten aus Johan Gustav Knut Wicksells *Curriculum Vitae*

1851 Am 21. Dezember wird Wicksell als jüngster Sohn des Lebensmittelhändlers Johan Wicksell und dessen Frau Christina Catharina Glassel in Stockholm geboren.

1858 Seine Mutter stirbt.

1866 Nachdem er ein zweites Mal geheiratet hat, stirbt auch der Vater und hinterläßt den sechs Kindern ein ansehnliches Vermögen, das es ihnen ermöglicht, ein Gymnasium zu besuchen.

1869 Wicksell schreibt sich an der Universität Uppsala für die Fächer Mathematik und Physik ein. Nach nur zwei Jahren, statt der üblichen vier, absolviert er mit dem Prädikat *cum laude*. Er beginnt ein Graduiertenstudium.

1879 Ein neo-malthusianisches Werk des Engländers George Drysdale lenkt sein Interesse auf soziale und ökonomische Probleme. In der Folge veröffentlicht er mehrere Reden und Artikel sozialer Reformen nur aus seiner Sicht; er erntet herbe Kritik.

1885 Er erwirbt den Titel eines *philosophiae licentiatus* in Mathematik, verläßt Uppsala und widmet sich schließlich ganz dem Studium der Nationalökonomie. Zu diesem Zweck hält er sich bis 1890 in England, Frankreich, Deutschland und Österreich auf. Seine eigentlichen Lehrer waren jedoch nicht die Zeitgenossen Desmoulins, Brentano, Wagner oder Menger, sondern englische Klassiker wie Malthus, Mill und Ricardo.

1889 Wicksell heiratet in Paris die Norwegerin Anna Bugge. Um den Lebensunterhalt zu verdienen, schreibt er für mehrere schwedische Zeitungen.

Knut Wicksell im Kreise seiner Geschwister
zu Beginn der 1860er Jahre.
Von links: Lotten, Knut, Hanna, Axel und Hilda.

1893 Sein erstes volkswirtschaftliches Hauptwerk »Über Wert, Kapital und Rente« wird veröffentlicht, findet aber wenig Anklang.

1896 Sein zweites Hauptwerk »Finanztheoretische Untersuchungen« erscheint. Der erste Teil (Zur Lehre von der Steuerincidenz) wird von der Universität Uppsala als Dissertation anerkannt.

1897–99 Um eine Dozentur zu bekommen, absolviert Wicksell in nur zwei Jahren ein ordentliches Studium der Jurisprudenz. Im April 1899 wird er zum Dozenten für Volkswirtschaftslehre und Finanzrecht an der Universität Uppsala ernannt.

1900 Im Januar erhält er eine außerordentliche Professur für Steuerrecht und Nationalökonomie an der Universität Lund, die erst am 22. April 1904 in eine ordentliche umgewandelt wird. Wicksells Jahre in Lund sind höchst produktiv. Er verfaßt rund fünfzig Abhandlungen; auch beteiligt er sich aktiv an der Diskussion um die Steuerreform 1910.

1916 Wicksell wird emeritiert und zieht mit seiner Frau in einen Vorort Stockholms. Er verbringt dort die glücklichsten und sorglosesten Jahre seines Lebens. Auch weiterhin ist er wissenschaftlich tätig. Zudem betreut er junge Wissenschaftler wie Lindahl, Heckscher, Ohlin, Myrdal und Lundberg, die in den 30er Jahren den Kern der Stockholm School of Economists bilden sollten.

1926 Knut Wicksell arbeitet an einem Artikel zur Zinstheorie. Ende April plagt ihn eine Magenverstimmung, eine Lungenentzündung gesellt sich hinzu, und er stirbt in der Nacht vom 2. zum 3. Mai im Alter von 74 Jahren.

VORLESUNGEN
ÜBER
NATIONALÖKONOMIE
AUF GRUNDLAGE DES MARGINALPRINZIPES

VON

KNUT WICKSELL

PROFESSOR DER NATIONALÖKONOMIE AN DER UNIVERSITÄT LUND

THEORETISCHER TEIL

ERSTER BAND

MIT 18 ABBILDUNGEN

VOM VERFASSER DURCHGESEHENE ÜBERSETZUNG

VON

MARGARETHE LANGFELDT

JENA

VERLAG VON GUSTAV FISCHER

1913

Das literarische Werk

Bücher

Über Wert, Kapital, und Rente nach den neueren nationalökonomischen Theorien, Jena 1893.

Finanztheoretische Untersuchungen nebst Darstellung und Kritik des Steuerwesens Schwedens, Jena 1896.

Geldzins und Güterpreise. Eine Studie über die den Tauschwert des Geldes bestimmenden Ursachen, Jena 1898.

Vorlesungen über Nationalökonomie auf Grundlage des Marginalprinzipes, Erster Band: Theoretischer Teil, Jena 1913.

Vorlesungen über Nationalökonomie auf Grundlage des Marginalprinzipes, Zweiter Band: Geld und Kredit, Jena 1922.

Ausgewählte Artikel in Zeitschriften

Tomme maver - og fulde magasiner (Leere Mägen und volle Geschäfte), in: *Samtiden*, 1890, S. 245–247 und 293–320.

Überproduktion oder Überbevölkerung, in: *Zeitschrift für die gesamten Staatswissenschaften*, Bd. 46, 1890.

Kapitalzins und Arbeitslohn, in: *Jahrbücher für Nationalökonomie*, Bd. 59, 1892, S. 552–574.

Der Bankzins als Regulator der Warenpreise, in: *Jahrbücher für Nationalökonomie*, Bd. 68, 1897, S. 228–243.

Om gränsproduktiviteten sasom grundval för den nationalekonomiska fördelningen (Grenzproduktivität als Grundlage für die Verteilung), in: *Ekonomisk Tidskrift*, Bd. 2, 1900, S. 305–337.

Till fördelningsproblemet (Zur Verteilungsproblematik), in: *Ekonomisk Tidskrift*, Bd. 4, 1902, S. 424–433.

Mal och medel i nationalekonomien (Ziele und Methoden der Nationalökonomie), in: *Ekonomisk Tidskrift*, Bd. 6, 1904, S. 457–474.

Verlag von Gustav Fischer in Jena.

Die angegebenen Preise sind die im März 1922 gültigen; für das Ausland erhöhen sie sich durch den vorgeschriebenen Valuta-Zuschlag. Die Preise für gebundene Bücher sind unverbindlich.

Vorlesungen über Nationalökonomie

auf Grundlage des Marginalprinzipes

Von

Knut Wicksell

Professor der Nationalökonomie an der Universität Lund

Theoretischer Teil. I. Band. Mit 18 Abbildungen.

Vom Verfasser durchgesehene Übersetzung von Margarethe Langfeldt.

(XI, 290 S. gr. 8°). 1913. Mk 36.—, geb. Mk 54.—

Inhalt: Einleitung: Der Begriff der Nationalökonomie. Die Einteilung des Stoffes. — 1. Die Lehre der Bevölkerung, ihrer Zusammensetzung und Veränderung. — 2. Die Wertlehre. — 3. Die Produktions- und Verteilungslehre. — 4. Die Kapitalbildung.

Weitere Schriften von **Knut Wicksell.**

Über Wert, Kapital und Rente nach den neueren nationalökonomischen Theorien. (XVI, 143 S. gr. 8°.) 1893. Mk 18.—

Inhalt: Vorwort. — Einleitung. 1. Die heutige Stellung der theoretischen Nationalökonomik. 2. Die klassische Werttheorie. 3. Die Werttheorien der Harmonieökonomen und der Sozialisten. — I. Abschnitt. Die neue Theorie des Wertes. 1. Der Wertbegriff nach Jevons, Walras und der österreichischen Schule. 2. Verschiedene Anwendungen derselben Güterart. 3. Tausch bei bestimmten Preisen. 4. Der isolierte Tausch. 5. Der Tausch am offenen Markte. 6. Tausch mehrerer Güter. Mittelbarer Tausch. 7. Angebot und Nachfrage. 8. Das Kostengesetz. Walras' Theorie der Produktion. — II. Abschnitt. Die neue Theorie des Kapitals nebst ihren Beziehungen zur Theorie des Arbeitslohns, der Bodenrente und der Güterwerte. 1. Der Kapitalbegriff. 2. Die Zinstheorie Böhm-Bawerks und die älteren Theorien. — 3. Die Produktionsperiode. Kapitalgüter und „Rentengüter". 4. Kapitalzins und Arbeitslohn in der stationären Volkswirtschaft. A. Mathematische Darstellung. B. Die Darstellung Böhm-Bawerks und sein „positives" Zinsgesetz. Seine Kritik der Jevonsschen Zinstheorie. C. Die Böhm-Bawerksche Theorie und die Lohnfondstheorie. 5. Kapitalzins, Arbeitslohn und Bodenrente in ihren gegenseitigen Beziehungen. Vervollständigung der Böhm-Bawerkschen Theorie. 6. Versuch einer definitiven Theorie der Güterwerte. Kritik der Walrasschen Darstellung.

Finanztheoretische Untersuchungen nebst Darstellung und Kritik des Steuerwesens Schwedens. (XIV, 352 S. gr. 8°.) 1896. Mk 48.—

Inhalt: Finanztheoretische Untersuchungen. — Zur Lehre von der Steuerinzidenz. 1. Einleitung. 2. Die Besteuerung des Monopolgewinnes. 3. Die Steuerinzidenz unter der Herrschaft freier Konkurrenz. Einfachste Hypothese, Kapitalzins und Arbeitslohn. 4. Fortsetzung. Die Steuerinzidenz auf die Vergütung der produktiven Kräfte einschließlich der Bodenleistungen. 5. Ungleichmäßige Besteuerung der Produktion. Besteuerung fremder Erzeugnisse. Die Freihandelslehre und ihre Relativität. 6. Die Besteuerung des Arbeitslohnes und deren angebliche Überwälzbarkeit.— Über ein neues Prinzip der gerechten Besteuerung. 1. Einleitung. Die Hauptprinzipien der Besteuerung nach der bisherigen Auffassung. 2. Die ökonomische Theorie der Staatswirtschaft. (Besprechung der Arbeiten von Sax und Mazzola.) 3. Unzulänglichkeit der bisherigen Methode der Finanzwissschaft gegenüber der heutigen Entwicklung des politischen Lebens. 4. Prinzip der (relativen) Einstimmigkeit und Freiwilligkeit der Steuerbewilligung. 5. Konsequenzen des oben entwickelten Prinzips. Kostendeckung durch Gebühren oder Steuern. 6. Weiterführung der Konsequenzen. Bedarfsdeckung durch Steuern oder Anleihen. 7. Von dem sog. sozialpolitischen Gesichtspunkte der Besteuerung. 8. Schlußworte. — Das Steuerwesen Schwedens. Erste Abteilung. Die Zeit vor 1809. Zweite Abteilung. Die Zeit nach 1809. 1. Einleitung. 2. Die Zeit von 1809—1850. 3. Die Zeit von 1850—1890. 4. Die Zeit nach 1890. 5. Die Gemeindebesteuerung. 6. Schlußworte. Berichtigungen und Zusätze.

Geldzins und Güterpreise. Eine Studie über die den Tauschwert des Geldes bestimmenden Ursachen. (XV, 189 S. gr. 8°.) 1898. Mk 27.—

Inhalt: 1. Einleitung. 2. Kaufkraft des Geldes und Durchschnittspreise. 3. Die relativen Preise und die Geldpreise. 4. Die sog. Produktionskostentheorie des Geldes. 5. Die Quantitätstheorie und ihre Gegner. 6. Die Umlaufsgeschwindigkeit des Geldes. A. Die reine Barwirtschaft. B. Der einfache Kredit. C. Die organisierte Kreditwirtschaft. 7. Der Geldzins als Regulator der Warenpreise. 8. Der natürliche Kapitalzins und der Darlehnszins. 9. Fortsetzung. Systematische Darstellung der Theorie. A. Die Bestimmungsgründe des natürlichen Kapitalzinses. B. Der Geldverkehr. 10. Internationale Preisbeziehungen. 11. Die tatsächlichen Preisbewegungen im Lichte der voranstehenden Theorie. 12. Praktische Vorschläge zur Stabilisierung des Geldwertes. — Anhang. Das Gesetz der großen Zahlen.

Anzeige des deutschen Verlegers
von Knut Wicksell aus dem Jahre 1922.

Krisernas gata (Das Rätsel der Krisen), in: *Statsekonomisk Tidskrift*, 1907.
The Influence of the Rate of Interest on Prices, in: *Economic Journal*, 1907.
Zur Verteidigung der Grenznutzenlehre, in: *Zeitschrift für die gesamte Staatswissenschaft*, Bd. 65, 1909, S. 97–102.
International Freights and Prices, in: *Quarterly Journal of Economics*, 1918.
Valutaspörsmalet i de skandinaviska länderna (Die Valutafrage in den skandinavischen Ländern), in: *Ekonomisk Tidskrift*, Bd. 27, 1925, S. 103–125.

Sammelwerke

Selected Papers on Economic Theory, hg. von Erik Lindahl, London 1958.
Knut Wicksells Tryckta Skrifter 1869–1950 (Die Veröffentlichungen von Knut Wicksell, 1869–1950), hg. von T. Hedlund-Nyström, Lund 1976.
Knut Wicksells Unpublished Manuscripts, hg. von L. Jonung, Lund 1987.

Ausgewählte Bibliographie

Arrow, K. J./Recktenwald, H. C., Über David Ricardos »Principles of Political Economy«, Vademecum zu einem frühen Klassiker der ökonomischen Wissenschaft, Düsseldorf 1988.

Blaevoet, P., Analyse de la monnaie et de l'équilibre général chez Knut Wicksell, Paris 1984.

Blaug, M., Economic Theory in Retrospect, 4. Aufl., Cambridge 1985.

Böhm-Bawerk, E., Capital and Interest – A Critical History of Economic Theory, New York 1889.

Buchanan, J., Die Verfassung der Politik, Nobel-Vorlesung, in: *H. C. Recktenwald (Hg.)*, Die Nobel-Laureaten der ökonomischen Wissenschaft – Vom Werden neuer Tradition, Düsseldorf 1989.

Burmeister, E., Real Wicksell Effects and Regular Economies, in: *Essays in Modern Capital Theory*, hg. von M. Brown, K. Sato u. P. Zarembka, Amsterdam 1976.

Cassel, G., Theory of Social Economy, New York 1918.

Frisch, R., Knut Wicksell – A Cornerstone in Modern Economic Theory, Oslo 1951.

Gårdlund, T., The Life of Knut Wicksell, Stockholm 1958.

Garegnani, P., Heterogeneous Capital, the Production Function and the Theory of Distribution, in: *Review of Economic Studies*, Bd. 37, 1970, S. 407–436.

Heitmüller, W., Die Zinsspannentheorie von Knut Wicksell, Berlin 1933.

Hicks, J. R., The Theory of Wages, London 1932.

Kamp, M. E., Die geldliche Wechsellagenlehre – Darstellung und Kritik der geldlichen Wechsellagentheorien von Hawtrey, Wicksell und Hayek, Berlin 1939.

Keynes, J. M., The General Theory of Employment, Interest and Money, London 1936.

Musgrave, R. A., und Peacock, A. T., Classics in the Theory of Public Finance, London 1958.

Musgrave, R. A./Musgrave, P. B./Kullmer, L., Die öffentlichen Finanzen in Theorie und Praxis, 3 Bde., 3. Aufl., Tübingen 1984–87.

Ohlin, B., Knut Wicksell 1851–1926, in: *Economic Journal*, Bd. 36, 1926, S. 503–511.

Ohlin, B., Some Notes on the Stockholm Theory of Savings and Investment, Part 1, in: *Economic Journal*, Bd. 47, 1937, S. 51–69.

Recktenwald, H. C., Tax Incidence and Income Redistribution, Detroit 1971.

Recktenwald, H. C./Samuelson, P. A., Über Thünens »Der isolierte Staat«, Vademecum zu einem frühen Klassiker der ökonomischen Wissenschaft, Düsseldorf 1986.

Recktenwald, H. C., Über Adam Smiths »Theory of Moral Sentiments«, Vademecum zu einem frühen Klassiker der ökonomischen Wissenschaft, Darmstadt-Düsseldorf 1986.

Samuelson, P. A., The Fundamental Singularity Theorem for Non-joint Production, in: *International Economic Review*, Bd. 7, 1966, S. 34–41.

Samuelson, P. A., Wicksell and Neoclassical Economics, in: *The New Palgrave Dictionary of Economics*, Bd. 4, 1987, S. 908–910.

Sommarin, E., Das Lebenswerk von Knut Wicksell, in: *Zeitschrift für Nationalökonomie*, Bd. 2, 1930, S. 221–267.

Stolper, W. F./Recktenwald, H. C./Scherer, F. M., Über Schumpeters »Theorie der wirtschaftlichen Entwicklung«, Vademecum zu einem genialen Klassiker der ökonomischen Wissenschaft, Düsseldorf 1988.

Strom, S./Thalberg, B. (Hg.), The Theoretical Contributions of Knut Wicksell, London 1979.

Uhr, C. G., Knut Wicksell – A Centennial Evaluation, in: *American Economic Review*, Bd. 41, 1951, S. 829–860.

Uhr, C. G., Economic Doctrines of Knut Wicksell, Berkeley-Los Angeles 1960.

Wagner, A., Der Wicksell-Effekt, Tübingen 1978.

Johan Gustav Knut Wicksells Platz in der Genealogie der Nationalökonomen

In welchem *zeitlichen* Zusammenhang stehen Knut Wicksell und sein Werk zu anderen Nationalökonomen, die vor ihm, mit ihm und nach ihm gelebt haben? Auf diese Frage gibt die Zeittafel eine erste Antwort.

ZEITTAFEL

Jahr	*Name*	*Bedeutende Werke*
427 v. Chr.	*Platon	Dialoge (Apologie, Protagoras), Phaidros (Ideenlehre), Symposion (»Gastmahl«), (Platon)
384 v. Chr.	*Aristoteles	Logik (Organon), Metaphysik (erste Philosophie), Politik (Aristoteles)
347 v. Chr.	Platon †	
322 v. Chr.	Aristoteles †	
1225	*Th. v. Aquin	Summa theologiae, Opera omnia (Th. v. Aquin)
1274	Th. v. Aquin †	
1473	*Kopernikus	
1526		Monetae cudendae ratio (Kopernikus)
1530	*Bodin	
1543	Kopernikus †	
1576		Les six livres de la république (Bodin)
1588	*Hobbes	
1596	Bodin †	
1632	*Locke	
1651		Leviathan (Hobbes)
1679	Hobbes †	
1690		Essay Concerning Human Understanding (Locke)
1694	*Quesnay	
um 1697	*Cantillon	
1704	Locke †	
1711	*Hume	
1712	*Steuart	

Jahr	*Name*	*Bedeutende Werke*
1723	*Smith	
1727	*Turgot	
1728	*Galiani	
1734	Cantillon †	
1738	*Beccaria	
1739/40		A Treatise of Human Nature. The Philosophical Works (4 Bde., 1739 bis 79) (Hume)
1741/42		Essays Moral, Political and Literary (Hume)
1748	*Bentham	
1750		Della moneta (Galiani)
1752		Political Discourses (Hume)
1755		Essai sur la nature du commerce en général (Cantillon)
1758		Tableau économique, Maximes générales du gouvernement économique d'un royaume agricole (Quesnay)
1759		Theory of Moral Sentiments (Smith)
1760	*Saint-Simon	
1764		Dei delitti e delle pene (Beccaria)
1766	*Malthus	
1767	*Say	An Inquiry into the Principles of Political Economy (Steuart)
1767/68		Physiocratie (Teil 1 + 2), (Quesnay)
1769		Mémoire sur les prêts d'argent (Turgot)
1769/70		Réflexions sur la formation et la distribution des richesses (Turgot)
1770		Dialogues sur le commerce des blés (Galiani)
1772	*Ricardo	
1774	Quesnay †	
1776	Hume †	Wealth of Nations (Smith) A Fragment on Government (Bentham)
1780	Steuart †	An Introduction to the Principles of Morals and Legislation (Bentham)
1781	Turgot †	
1783	*Thünen	
1787	Galiani †	
1789	*List	
1790	Smith †	
1792	*Rau	
1794	Beccaria †	
1795	*v. Hermann	
1798		An Essay on the Principle of Population (Malthus)
1801	*Cournot	
1803		Traité d'économie politique (Say)
1806	*J. St. Mill	

Jahr	*Name*	*Bedeutende Werke*
1810	*Gossen	The High Price of Bullion (Ricardo) Catéchisme d'économie politique (Say)
1816		Proposals for an Economical and Secure Currency (Ricardo)
1817	*Roscher	On the Principles of Political Economy and Taxation (Ricardo)
1818	*Marx	
1820		Principles of Political Economy (Malthus)
1823	Ricardo †	
1824	*v. Mangoldt	
1825	Saint-Simon †	Le Nouveau Christianisme (Saint-Simon)
1826		Der isolirte Staat, Teil I (Thünen)
1826/32		Lehrbuch der politischen Ökonomie, 3 Bde. (Rau)
1827		Definitions in Political Economy (Malthus)
1828/29		Cours complet d'économie politique pratique (Say)
1829	*Dietzel	
1831	*Schäffle	
1832	Say † Bentham †	Staatswirthschaftliche Untersuchungen (von Hermann)
1832	*Launhardt	
1834	*Walras Malthus †	
1835	*Jevons *Wagner	
1837	*Auspitz	
1838	*Schmoller	Recherches sur les principes mathématiques de la théorie des richesses (Cournot)
1840	*Menger	
1841		Das nationale System der politischen Ökonomie (List)
1842	*Marshall *Lieben	
1843		A System of Logic (Mill) Expositions de la théorie des chances et des probabilités (Cournot)
1845	*Edgeworth *Sax	
1846	List †	
1848	*Pareto	Principles of Political Economy (Mill) Das kommunistische Manifest (Marx)
1850	Thünen †	Der isolirte Staat, Teil II, Abschnitt I (Thünen)
1851	***Wicksell** *Böhm-Bawerk *Wieser	

Jahr	*Name*	*Bedeutende Werke*
1854		Entwickelung der Gesetze des menschlichen Verkehrs (Gossen)
1855		Das System der Staatsanleihen (Dietzel)
1857	*Veblen *Pantaleoni	
1858	Gossen †	
1859		Zur Kritik der Politischen Ökonomie (Marx)
1862/82		Investigations in Currency and Finance (Jevons)
1863	*Sombart *Mazzola	Principes de la théorie des richesses (Cournot) Der isolirte Staat, Teil II, Abschnitt 2 und Teil III (Thünen) Grundriß der Volkswirtschaftslehre (v. Mangoldt)
1864	*M. Weber	
1866	*Cassel	
1867	*I. Fisher	Das Kapital, Buch I (Marx)
1868	v. Hermann †	
1870	Rau †	
1871		Grundsätze der Volkswirtschaftslehre (Menger) The Theory of Political Economy (Jevons)
1873	J. St. Mill †	
1874		Geschichte der Nationalökonomie in Deutschland (Roscher)
1874/77		Eléments d'économie politique pure, bis 1877 2 Bde. (Walras)
1877	Cournot † *Pigou	Finanzwissenschaft (Wagner)
1879		Grundlegung der politischen Ökonomie (Wagner) The Economics of Industry (Marshall)
1881		Mathematische Theorie der Preisbestimmung wirtschaftlicher Güter (Walras) Mathematical Psychics (Edgeworth)
1882	Jevons †	
1883	*Schumpeter *Keynes Marx †	Contributio alla teoria del ripanto delle spese pubbliche (Pantaleoni) Untersuchungen über die Methode der Sozialwissenschaften (Menger) Zur Methodologie der Sozialwissenschaften (Schmoller) Théorie mathématique de la richesse sociale (Walras)
1884	Dietzel †	Kapital und Kapitalzins, Teil I (Böhm-Bawerk) Irrtümer des Historismus in der deutschen Nationalökonomie (Menger)

Jahr	*Name*	*Bedeutende Werke*
1885		Das Kapital, Buch II (Marx)
		Mathematische Begründung der Volkswirtschaftslehre (Launhardt)
1886	v. Mangoldt †	Finanzwissenschaft (Roscher)
		Volkswirtschaftslehre (v. Mangoldt)
1887		Grundlegung der theoretischen Staatswissenschaft (Sax)
1888		Zur Literaturgeschichte der Staats- und Sozialwissenschaft (Schmoller)
1889		Kapital und Kapitalzins, Teil II (Böhm-Bawerk)
		Natürlicher Wert (Wieser)
		Untersuchungen über die Theorie des Preises (Auspitz, Lieben)
1890		Principles of Economics (Marshall)
1891	*Eucken *Lindahl	The Austrian School and the Theory of Value (Wieser)
		I dati scientifici della finanza publica (Mazzola)
1892		Mathematical Investigations in the Theory of Value and Price (Fisher)
1893		**Über Wert, Kapital und Rente (Wicksell)**
1894	Roscher †	Das Kapital, Buch III (Marx)
1895/97		Die Steuern (Schäffle)
1896		**Finanztheoretische Untersuchungen (Wicksell)**
		Etudes d'économie sociale (Walras)
1896/97		Cours d'économie politique (Pareto)
1898		**Geldzins und Güterpreise (Wicksell)**
		Über einige Grundfragen der Sozialpolitik und Volkswirtschaftslehre (Schmoller)
1899	Mazzola †	The Theory of the Leisure Class (Veblen)
1900	Ferrara †	Grundriß der allgemeinen Volkswirtschaftslehre, Bd. I (Schmoller)
1900		Einige strittige Fragen zur Kapitaltheorie (Böhm-Bawerk)
1902/03		Les systèmes socialistes (Pareto)
		Der moderne Kapitalismus (Bd. I und II) (Sombart)
1903	Schäffle †	
1904		Grundriß der allgemeinen Volkswirtschaftslehre, Bd. II (Schmoller)
		The Theory of Business Enterprise (Veblen)
		Objektivität sozialwissenschaftlicher und sozialpolitischer Erkenntnisse (M. Weber)
1906	Auspitz †	Manuale de economia politica (Pareto)
1908		Das Wesen und der Hauptinhalt der theoretischen Nationalökonomie (Schumpeter)

Jahr	*Name*	*Bedeutende Werke*
1910	Walras †	
1911		The Purchasing Power of Money (Fisher)
1912		Theorie der wirtschaftlichen Entwicklung (Schumpeter)
		Wealth and Welfare (Pigou)
1913/22		**Vorlesungen über Nationalökonomie (Wicksell)**
1914	Böhm-Bawerk †	
1917	Schmoller †	
1918	Launhardt †	Theoretische Sozialökonomie (Cassel)
1919	Lieben †	Wissenschaft als Beruf (M. Weber)
		Die Gerechtigkeit der Besteuerung (Lindahl)
1920	M. Weber †	The Economics of Welfare (Pigou)
1921	Menger †	
1922		Wirtschaft und Gesellschaft, Gesammelte Aufsätze zur Wissenschaftslehre (M. Weber)
1923	Pareto †	A Tract on Monetary Reform (Keynes)
		Money, Credit and Commerce (Marshall)
		Absentee Ownership and Business Enterprise in Recent Times (Veblen)
		Wirtschaftsgeschichte (M. Weber)
1924	Marshall †	Gesammelte Aufsätze zur Soziologie und Sozialpolitik (M. Weber)
	Pantaleoni †	
		Paper relating to Political Economy, 3 Bde. (Edgeworth)
1926	**Wicksell †**	
	Edgeworth †	
	Wieser †	
1927	Sax †	
1928		A Study in Public Finance (Pigou)
		The Money Illusion (Fisher)
1929	Veblen †	Der moderne Kapitalismus (Bd. III) (Sombart)
1930		A Treatise on Money (Keynes)
		Die drei Nationalökonomien (Sombart)
1932		Die Zukunft des Kapitalismus (Sombart)
1933		The Theory of Unemployment (Pigou)
1934		Kapitaltheoretische Untersuchungen (Eucken)
1936		General Theory (Keynes)
		Der Zusammenbruch der Goldwährung (Cassel)
1937		Socialism versus Capitalism (Pigou)
1939		Business Cycles (Schumpeter)
1940		Grundlagen der Nationalökonomie (Eucken)
1941	Sombart †	
1942		Capitalism, Socialism and Democracy (Schumpeter)

Jahr	*Name*	*Bedeutende Werke*
1945	Cassel †	
1946	Keynes †	
1947	I. Fisher †	
1950	Schumpeter †	
	Eucken †	
1952		Grundzüge der Wirtschaftspolitik (Eucken)
1954		History of Economic Analysis (Schumpeter)
1959	Pigou †	
1960	Lindahl †	

Über die Interpreten

PAUL ANTHONY SAMUELSON, geboren 1915, ist emeritierter Ordinarius der Wirtschaftswissenschaften am *Massachusetts Institute of Technology* und Ehrendoktor angesehener Universitäten sowie Präsident und Ehrenmitglied zahlreicher Vereinigungen der Wissenschaft, darunter auch Mitglied der Leibniz-Akademie der Wissenschaften und der Literatur. Er gehört zu den angesehensten Ökonomen und besten Analytikern unserer Zeit. Seine Beiträge auf vielen Gebieten der ökonomischen Wissenschaft sind bahnbrechend, luzide und kritisch-anregend – voran seine *Foundations of Economic Analysis*. Bereits 1970 erhielt Samuelson hierfür den Nobelpreis, 1971 die Albert-Einstein-Erinnerungsmedaille.

Samuelson ist mit Leib und Seele Forscher und Lehrer: »Als MIT mich zum Ordentlichen Professor berief, schwelgte ich wieder wie im Nachsommer meiner Assistentenzeit, erneuert fürs Leben. Wieder das Paradies!« Auch die Breitenwirkung seiner Ideen ist weltweit einmalig. Seine *Economics*, zwölf Auflagen, sind in fast alle Kultursprachen übersetzt. Samuelsons glänzende Essays über Smith, Thünen, Schumpeter und Wicksell sind die Früchte eines auch naturwissenschaftlich, philosophisch und literarisch Gebildeten mit wachem Sinn für das Wirkliche.

Samuelson hat engagiert Regierungen und Behörden fachlich beraten und sich zu zentralen Problemen der Wirtschafts- und Geldpolitik auch öffentlich geäußert.

A. Lindbeck (1970) und A. Kendry (1981) haben das wissenschaftliche Werk kritisch analysiert. In einer Festschrift (Hg. G. R. Feiwel, 1982) wurde es umfassend gewürdigt. Lebensdaten und Einzelbeiträge sind in Blaug/Sturges: Who is who in Economics. A Biographical Dictionary of Major Economists 1700–1985, Brighton 1986, enthalten.

RICHARD ABEL MUSGRAVE, geboren 1910, hat wie kaum ein anderer das Gesicht der Finanzwissenschaft unserer Epoche geprägt. Sein weltweit anerkanntes Opus hat wesentlich mitgeholfen, Theorie und Politik der Staatswirtschaft (Public Economics) als Zweig der ökonomischen Wissenschaft analytisch auf einem hohen Niveau zu entwikkeln und sie in ein duales System mit der Marktwirtschaft zu integrieren, ein Fortschritt in unserem Wissen, der außerordentlich ist und außerhalb der engen Disziplin zu wenig beachtet wird. Es gibt kaum ein Gebiet des öffentlichen Sektors, das er nicht befruchtet hat. Zusammen mit Paul A. Samuelson hat er eine Theorie des öffentlichen Gutes entwickelt, die auch andere Forschungen angeregt hat. Zur Analyse des Konfliktes zwischen Effizienz und Verteilung hat er ganz Wesentliches beigesteuert.

Richard Musgrave ist emeritierter Professor der Wirtschaftswissenschaften an der Harvard-Universität. Die Weltvereinigung für Finanzwissenschaft (IIPF) hat ihn zu ihrem Ehrenpräsident gewählt. Mehrere Universitäten haben ihm die Ehrendoktorwürde verliehen, darunter die Universität Heidelberg, an der er seine Studien begann.